はじめに

本書は、水野広徳の事績を顕彰するとともに、特に彼の郷里での足跡をとり上げたものである。

水野広徳が目指したものの無念にも実現できなかった思想をできる限り忠実に書きとどめた。

平和安全法制が制定され、世界の各地域で安全が問題視されている昨今、わが国の進路を考える契機にしたい強い思いがある。

明治 39 年 1 月、日露戦争における奉天会戦勝利の 3 月 10 日を「陸軍の日」とし、また、日本海海戦の行われた 5 月 27 日を「海軍記念日」と決定した。

日露戦争に従軍した水野広徳は、偉大な反戦論者・平和思想家となって、後の戦争によってもたらされる悲劇を予言していた。「しかし、いかに素晴らしい予言であっても、それを受け止める勇気の政治家がいなければ何の意味も持ちません。そうした政治家がいなかったことが日本の悲劇でもありました。」（テレビドラマ「悲劇の予言者」・早坂暁のナレーション）といわれている。早坂氏の「優れた先見性を持った郷土の先人を多くの人に知ってほしい」という思いは伝わったのだろうか。

現在、水野広徳のことは、残念ながら、余り知られていないように思う。原形コースと思われるかもしれないが、正宗禅寺、蓮福寺などの水野にまつわる史跡を訪ねてみるのも面白いのではないか。

今回は、水野の故郷でとり上げられている範囲でその事績をまとめてみた。

なお、筆者は水野の母校に５年間通学し学んだ。読者一般には、筆者が彼と同様の気概を持つことを諒とされたい。後輩の気持ちで努力してみたい。

《凡例》

○年号と年月日は、明治５年12月の太陽暦採用までは陰暦、明治６年以降は太陽暦である。

○年号は、明治10年（1877）11月15日のように（　）内に西暦を記入した。

○水野広徳の人名は、旧漢字の廣を使用せず、広徳で統一した。

○ただし、石碑、墓碑のようなものは、そのままに転記した。

○大橋栞の原稿は、独立したものとして扱うようにした。

○引用文献は『中央公論』『改造』『無産階級と国防問題』のように『　』書きとした。

○引用部分は、本文中に出典が判るようにした。

○人名の敬称は省略した。

目　次

第一部　伊予に見る水野広徳の足跡

水野広徳は、明治８年（1875）５月24日、愛媛県伊予国温泉郡三津浜に誕生した。父は光之といい、松山藩士久松家の徒士《かち》侍《ざむらい》であった。母はナホ。松山市役所に残る水野広徳の本籍地は松山市大字北夷子町一番戸である。兄弟は兄１人姉３人がいたが、全員親戚に預けられるという不遇な生活を送った。

なお、北夷子町《きたえびすまち》は、伊予史談会長で松山市名誉市民の景浦稚桃《ちとう》（1875～1962）の生まれた町で、筆者の中・高校時代は文化の香り高い町であった。北夷子町は現在の松山市湊町２丁目辺りではないかと思われる。

『松山中学・松山東高同窓会名簿』（平成元年版）には、「明治28年３月卒業（第３期）、五退（逝去）昭20.10.18『此一戦』著者・海軍大佐　松山市三津浜町」（同書64頁）とある。

現在、愛媛県立松山東高等学校に「明教館」という史料館があり、母校に特に功績のあった人物が紹介されている。元を辿れば、明教館とは、11代松山藩主の松平定通が、文政11年（1828）に藩士の文武稽古所として二番町に建てた藩校の講堂であった（案内板「日本電信電話公社四国電気通信局」より）。この建物は、昭和13年10月、旧松山中学校（現松山東高等学校）の敷地内に移築された。明教館にかかる額の「明教館」の文字は、藩主松平定通によるものである。

松山中学に学んだ水野広徳は、４度、海軍兵学校を受験し、明治28年12月、兵学校追加募集試験で念願の合格を果たした。この時、水野は21歳になっていた。そして、明治29年２月、江田島の海軍兵学校に入学した。

河田宏はその著書『第一次世界大戦と水野広徳』において、当時の軍備増強に言及しつついう。水野が入学したときの最上級生1号は19名。2号18名。3号33名。彼（水野）ら4号は62名であった。(『海軍兵学校沿革』原書房・昭和43年刊)

この2年に一挙に2倍の人数を入学させている。この倍増はその後も続く。これをみても、日本はいかに軍備の増強に心血というより膏血を注いでいたかがわかる。食うものも食わずに陸海軍を増強し、対露戦に備えていたのである、としている。

バルチック艦隊は、明治37年（1904）10月15日、リバウ軍港を出港した。バルチック艦隊改編発表から、5か月半も遅れてのことであった。遅延の主たる理由は、内海用の艦艇を外洋の航海に耐えられるように補強する工事に手間取ったからだという。それでも、各艦艇の復元力が弱く、艦首部の装甲も薄いままで、照準器、測距儀などもほとんど改善されていない状況であった(池田清『海軍と日本』中公新書)。

水野広徳は、江田島の海軍兵学校（第26期）出身の職業軍人である。江田島の卒業生は、全部で59名であり、水野は全体で24番であった。

その後、水野は日露戦争の日本海海戦で水雷艇長として活躍し、連合艦隊司令長官より「感状」を授与された。この時、海軍大尉で31歳であった。

戦功を賞する連合艦隊司令長官東郷平八郎の感状は、第十艇隊水雷艇第四十一号艇長に対するものである。

内容は、下記の通りである。

感状　第九艇隊　第十艇隊　明治三十八年五月二十七日夜風涛ヲ冒シテ敵艦隊ニ迫リ有効ナルヘキ襲撃ヲ遂ケタルノミナラス、敵艦隊ヲシテ潰乱分裂セシメ間接ニ翌二十八日ノ追撃戦ヲ利セリ。ソノ功績少ナカラス。ヨッテ茲ニ感状ヲ授与スルモノナリ。

明治三十八年六月二十日

連合艦隊司令長官　東郷平八郎

（当時ノ編成オヨビ指揮官）

第九艇隊司令	海軍中佐	河瀬早治
蒼鷹艇長		司令兼務
雁艇長	海軍大尉	粟屋雅三
燕艇長	海軍大尉	田尻唯二
鵠艇長	海軍大尉	井口第二郎
第十艇隊司令	海軍少佐	大瀧道助
第三十九号艇長	海軍大尉	大金　蒼
第四十号艇長	海軍大尉	中原弥平
第四十一号艇長	海軍大尉	水野広徳
第四十三号艇長		司令兼務

（前坂俊之編『海軍大佐の反戦水野広徳』雄山閣、17 ～ 18 頁）

ただ、ここで「日本海海戦の世界史的意義」で面白い指摘がある。

半藤　連繋水雷というのはものすごい秘密兵器と思うんです

よ。これを積んだ水雷戦隊が敵艦の前にダーッと走っていってばら撒くわけです。そこで一気にやっつけようというのが秘密計画ではないか。ところが、当日は「波高シ」でしょう。秋山参謀のあの電文は、今日は波が高くてこの秘密兵器が使えませんということを大本営にそれとなく伝えたんだという説もあるんです。

池井　ほう、その「波高シ」のところで？

半藤　さらに面白いことに、ロシア側に残っている資料では、水雷戦隊が連繋水雷を持っていないのにバルチック艦隊の目前を横切るような形で行動した。バルチック艦隊はそれを見て機雷を入れられたと誤解し、それでバルチック艦隊の隊列がガタガタと崩れてしまった、という話なんです。

野村　たしかにロシアの司令長官ロジェストヴェンスキーは、機雷を敷設するものと錯覚して、それを撃退しようとしました。ただ、日本側は水雷戦隊ではなくて巡洋艦戦隊です。それも偵察のために近づいて前へ出ようとしたようです。それにロシアの中心となる戦艦群はできたばかりで、実弾射撃もろくにやってなかったんです。

池井　よく言われることですが、ロシアの艦の速さは17・5ノットぐらいで、日本は20ノット。しかも向こうは遠洋航海して艦底に貝とか海草がくっついている。日本はドックに入れて全部それを除去していたから、実際はだいぶスピードに差があった……と。

（半藤一利編著『日本史が楽しい』文芸春秋、328頁〜。半

藤一利は現代史研究者、池井優は慶応大学名誉教授・日本外交史研究者、野村實は防衛大学教授。筆者注記）

面白い話であるが、「感状」を傷付けてしまうので深追いは止めたい。

水野広徳は、日露戦争では、100トンたらずの小型で小回りのきく水雷艇長として、正確には、第41号艇長として、黄海海戦から旅順港閉塞作戦、日本海海戦に参戦した。日本海海戦では、夜陰に乗じてロシア戦艦に200メートル尖まで接近し、魚雷を放つという肉薄攻撃をしている。

『日本の歴史』（第18巻・180頁～ 集英社）で日本海海戦の戦闘力についての分かり易い、しかも冷徹な比較がある。戦艦ではバルチック艦隊が8隻で、日本の連合艦隊は4隻であったが、巡洋艦クラスでは、バルチック艦隊は9隻、連合艦隊は20隻で、圧倒的に多い。それらが備える火砲は、日本対ロシアの門数を比較すると、主砲30サンチでは17対33、主砲20サンチでは34対25、副砲15サンチでは202対106で、30サンチ主砲以外では日本側が優位である。つまり副砲の射程距離内であれば日本側が有利になる。

さらに、数だけでなく、性能・技術を加味した砲撃力では、軍事専門家の黛治夫氏（1899~1992）によれば、連合艦隊はバルチック艦隊の17倍の実力をもっていたという。ロシア側の有効弾は日本の100発に対してわずかに6発にすぎない。17倍とみる理由は、射撃速度が3倍、命中率が3倍、弾丸の破壊力が2倍だからである。弾丸破壊力の優秀性は、工部大学校出身の海軍技手、下瀬雅允により開発された「下瀬火薬」の使用による。また、戦闘意欲の点でも日本側は旺盛だった。猛訓練で鍛えた連合艦隊の集中力にたいして、バルチック艦隊の兵士たちは、7か月という異常に長い航海に疲れ果て、厭戦気分が蔓延していた。ペテルブルクで「地の日曜日事件」（ロシア第一革命）が起きたのも、この年1月である。レーニンは、前年の1904年12月に発表した論文「専制とプロレタリアート」で正確に戦況を分析し、敗戦を予測していた。(『日本の歴史』日清・日露戦争№.18、180頁〜、集英社)。

ロシア艦隊の大被害状況を『海の史劇』（吉村昭・新潮文庫392〜393頁）で見てみよう。

1、戦艦8隻
　撃沈…………6隻
　捕獲…………2隻
1、装甲巡洋艦…………3隻
　撃沈…………3隻
1、巡洋艦6隻
　撃沈…………1隻
1、装甲海防艦3隻
　撃沈…………1隻
　捕獲…………2隻
1、駆逐艦9隻
　撃沈…………4隻
　捕獲…………1隻

1、仮装巡洋艦１隻

撃沈…………１隻

1、特務船６隻

撃沈…………３隻

1、病院船２隻

抑留…………２隻

しかし、帰国後、水野は海軍大臣・加藤友三郎に、日本は如何にして戦争に勝つかよりも如何にして戦争を避けるべきかを考えることが緊要です、と訴えた。退役の後、平和主義者に転じた彼は、日本の将来を憂い、国家・国民を愛するゆえに、日米の衝突を危惧した異色の反戦論者・非戦論者となった。第一次大戦では、それまでの戦争では見られなかった兵器が使用されたり、戦法がとられたりした。戦車・潜水艦・航空機・毒ガスが使われ、無制限な潜水艦作戦や大規模な航空作戦が展開された。戦争では、非戦闘員の方が、犠牲になる数が多い状態であった。

そして、水野広徳は、大正14年（1925)、『中央公論』４月号に「米国海軍と日本」を発表したが、この論文の一部が、太平洋戦争末期に、日本本土空襲の際、まかれた米軍の伝単（空襲ビラ）に引用された。次はその部分である。

「我等は米国人の米国魂を買ひ被ることの愚なると共に之を侮ることは大なる誤りである。米国の兵力を考究するに当り、其の人的要素は彼我同等のものとして考慮するにあらざれば、英国民に対したるドイツ人の誤算を繰り返すであらうことを恐れる」（大内信也『帝国主義・日本にNOといった軍人、水野広徳』、144頁）。

第二部　水野広徳の足跡

水野広徳入学以前の明治21年8月、海軍兵学校は東京築地から広島県江田島に移転していた。

この江田島移転には、海兵次長兼教務総理の伊地知弘中佐の尽力があった。彼は、イギリスのダートマス、アメリカのアナポリスなど先進国の兵学校が、ともに世俗都塵を離れ、閑静清透・風光明媚な環境にあることを強く意識していたという。要するに、落ち着いた清潔な環境でエリートを育成するために選ばれたのが江田島であった（大内信也『帝国主義・日本にＮＯといった軍人、水野広徳』39頁）。

明治37年2月8日、日本は、仁川沖でロシア艦隊を攻撃、旅順口を奇襲（仁川沖海戦）した直後の2月10日、ロシアに宣戦布告した。

日露戦争の開戦から2か月後の明治37年（1904）4月30日、ロシア政府は、バルチック艦隊の極東への増援計画を決定した。太平洋艦隊への編入である。従来の旅順港やウラジオストック港を拠点に活躍する太平洋艦隊は、太平洋第一艦隊と改称された。同時にバルチック艦隊は太平洋第二艦隊に改編される。バルチック艦隊の任務は、日本艦隊の撃滅である。

このロシア海軍省の改編発表の約半年後、10月15日、ようやく、バルチック艦隊はリバウ軍港を出発する。出港の遅延理由は、内海用の艦船を外洋でも使用に耐えるように補強する工事に手間取ったからという。

バルチック艦隊の司令長官はロジェストヴェンスキー中将である。戦艦「スワロフ」を旗艦とし、戦艦8隻・装甲巡洋艦3隻・

巡洋艦6隻・装甲海防艦3隻・駆逐艦9隻で編成された。

日本海海戦は、明治38年（1905）5月27日・28日の両日にわたって戦われた。バルチック艦隊が先のリバウ軍港を出てから7ヶ月も経過している。

水野は、日露戦争の日本海海戦では水雷艇長として活躍をし、「感状」を授与された軍人である。海軍軍令部勤務時代、日露戦争の海戦を舞台に体験にもとづいて『此一戦』を著し、明治44年（1911）3月、博文館から刊行された。その際、水野の「勇敢なる敵に対して敬意を表するは、武士道の精神であり、人間性の美点である」といって、敵軍の勇敢な働きをも大胆卒直に書かれたその正義感にあふれる公平な態度に注目したい（前坂俊之『海軍大佐の反戦　水野広徳』雄山閣25頁）。

この時の水野の年齢は37歳であった。

実は、この戦記文学の売れ行きが良く、水野は、後の大正5年（1916）から9年（1920）の間に2回、欧州に私費留学した。1回目はドイツには入国できず、アメリカをまわって帰国した。2回目は、いよいよ敗戦国ドイツである。大正8年（1919）3月、ヨーロッパに出かけた。

フランスからスイスを経て敗戦国ドイツに入国した。そこで、国家総戦力となったために犠牲になった民間人である女性・子ども・老人の死人の山などの惨状を眼にする。そして、180度の思想的大転換が行われ、帰国後、「非戦、平和論」へと至ったのである。

その後、大正10年（1921）に海軍大佐で予備役に編入されたが、翌 11 年には軍備縮小同志会を作り、『中央公論』ほかの誌上で軍縮を主張した。

水野広徳は、反戦思想家、平和思想家となり、軍部大臣文官制や軍備撤廃などを訴えた。

第三部　伊予に見る水野広徳の史跡

松山市末広町16-3にある臨済寺妙心寺派の寺院、天龍山正宗禅寺に水野広徳の顕彰碑・歌碑がある。

正宗禅寺は、松山市唯一のターミナル百貨店、高島屋から徒歩３分ほどの場所にある。

松山市駅で下車し、伊予鉄横河原線の踏み切りを越えて、20～30メートルほど先を右折すると、そこはもう正宗禅寺で、松山市駅から南東方向へ約200～300メートルほどの地点に位置する。

この寺院は、寛永11年（1634)、松平定行（徳川家康異父弟、松平定勝の次男）が伊勢桑名より、四国総鎮守格の親藩大名として、伊予松山に移封されるとともに建立された名刹である。

地元の人が「しょうじゅうぜんじ」と呼んでいるこの寺院は、明治時代、俳人正岡子規の住んだ寺院でもあり、現在、子規堂のあるお寺として地元松山、伊予の人々にはよく知られた松山市の観光拠点でもある。

子規堂に入ると、江戸時代の下級武士の住居規模もよくわかる展示室になっている。

この寺院には、子規堂とあわせて正岡子規の両親の墓や子規の埋髪塔もあることから、伊予鉄観光バスによる市内定期遊覧の観光場所の一つになっていて、現在も、全国各地からの観光客が絶えない有名な寺院でもある。境内には、夏目漱石の『坊っちゃん』で全国に知れ渡った、定員僅か12名の坊っちゃん列車も展示されている。

その正宗禅寺の境内に入って左手に水野広徳の顕彰碑・歌碑が

正宗寺にある水野の頌徳碑。
その紹介を下記に示す。

ある。坊っちゃん列車のすぐ横である。

その碑には「世にこびず　人におもねらず　我はわが正しと思ふ道を進まむ　水野廣徳歌　後輩安倍能成書」とある。

その石碑には「水野廣徳先生は一八七五年三津浜に生れ少壮海軍に志し、日露戦争には水雷艇長として殊功あり、戦後「此一戦」等を著して名声一世に鳴る。第一次世界大戦後欧洲の戦跡を訪ねて戦争の惨禍を痛感し剣を投じて敢然平和主義に轉ず。日米戦争論起るに及び之を反撃してやまず。然れどもその高論も世と相容れず。遂に太平洋戦争起る。悶々悲憤の情は僅に詩歌によりて慰むるの他なかりき。終戦直後の一九四五年十月十八日大島の疎開地にて病歿す。　一九五七年十一月　後学松下芳男建之」とある。

揮毫は、松山中学校の後輩で文部大臣、学習院大学学長を務めた安倍能成である。そして、その下に、水野とおなじく陸軍の職業軍人より転身し、軍事評論家として活躍、終生、畏友として水野を敬愛し続けた松下芳男（明治25年～昭和58年）の謹誌がある。

なお、松下芳男は、水野が片山哲（のちの首相）、尾佐竹猛（司法官、日本近代史学者）らとともに大正13年（1924）9月に、平和問題研究のために設立した二火会の創立当初からのメンバーであった。

二火会は新宿聚楽で開催され、メンバーは河野恒吉・猪俣勲・片山哲・尾佐竹猛・高田義一郎・本荘可宗・大山綱良・松下芳男・水野広徳らであった。なお、二火会は昭和14年頃まで続くが、昭和15年8月、「二火会は、馬鹿の揃か十五年経てどもいまだに大臣も出ず」とか「大臣の出ぬこそ会のほこりなれ鶴は掃き溜に降りぬとぞ聞く」とか歌に心情をもらした（前坂俊之『水野広徳、海軍大佐の反戦』208頁）。

さて、その松下芳男が、昭和32年（1957）11月に関係者の賛助のもとに建設したのが先述の顕彰碑である。

松下芳男の謹誌を含め、顕彰碑の全文に続けて、「賛助　野村吉三郎　安倍能成　小林躋造　二荒芳徳　高橋龍太郎」とある。写真に示したごとく立派な顕彰碑である。

この昭和32年11月17日の建碑式典には、野村吉三郎・松下芳男・水野ツヤ夫人・重松冨来夫などの出席が確認された。

ここで、正宗禅寺にある顕彰碑に賛助者として名を連ねる人物について、紹介しておこう。

松山東高等学校「明教館」の水野広徳の肖像画。(30 枚掲額の内の 1 枚)
なお、陸軍少将で予備役になった桜井忠温もここに名前の記載がある。

野村吉三郎は海軍兵学校第 26 期で水野と同期生である。明治 31 年（1898）の海兵卒業時、次席という優秀な成績で、優等者３名の１人として雙眼鏡を下賜された優等生であった。早くから同期の小林躋造とともに、将来の海相に擬せられていた。語学の堪能な野村吉三郎は、大正３年（1914）の海軍中佐時代、アメリカで駐在武官を務めた経験もあって、国際感覚も豊かな軍人だった。パリ講和会議やワシントン会議にも出席し、外交官としての手腕も身に付けていった。また、第三艦隊司令長官時代（当時、中将）の昭和７年（1932)、上海の天長節祝賀会場でおこった上海爆発事件で、右目を失明するという悲運に巻き込まれた。昭和８年には大将に昇進している。

この時代、日本は、国際連盟脱退（1933 年３月)、ワシントン条約破棄通告（昭和９年 12 月）など､国際協調体制から離脱し、野村吉三郎の海相就任の基盤はなくなった。昭和 10 年、野村吉三郎は予備役となって、学習院院長に就任している。しかし、その後、昭和14年（1939）８月、阿部信行内閣の外相となり、英米との協調関係の維持・発展を期待された。昭和16年（1941）２月には、特命全権大使として渡米し、日米交渉役としてハル国務長官との間で40回以上もの会談を重ねた。前述のように、水野とは、海兵26期の同級生として卒業後も親交を続け、昭和14年（1939）３月24日、神田学士会館で挙式した水野の長男光徳の結婚披露宴では主賓で挨拶したような間柄であった。

安倍能成は、カント学徒として有名な学者である。戦後、平和問題懇話会と称して岩波書店に集まり、講和問題について討議を重ねた文化人であった。昭和27年（1952）の講和に関しては、安倍能成は、小泉信三らとともに、単独派へと傾斜していった。安倍能成は、一高校長、文部大臣、学習院大学学長を歴任した教育家でもあった。彼は、松山中学校第９期卒業生（明治34年３月卒）で、水野の松山中学校の後輩でもあった。

小林躋造も、野村吉三郎や水野広徳と同じく海兵の同期生である。小林も、野村と同じく優等者３名の雙眼鏡を下賜された優等生で、海兵第26期、第３番目の卒業生である。昭和８年（1933）に、海軍大将にまで昇進して、将来の海相とも噂されていたが、条約派として昭和11年（1936）３月、野村吉三郎より１年遅れて予備役に編入された。また、小磯内閣で、昭和19年（1944）12月、国務大臣に選出されている。

片山哲は、戦前からキリスト教的社会主義者として活躍し、社会民衆党（大正15年12月結党）、社会大衆党（昭和７年７月結党）などの無産政党で活躍していたが、戦後、昭和22年（1947）６月に、社会党内閣成立時の首相となった。片山は、さきの二火会創立当時からのメンバーであった。

高橋龍太郎は、『反骨の軍人・水野広徳』で、水野の松山中学の同窓生として「同窓中実業界に於ける出世頭」と紹介された人物である。昭和12年には、大日本麦酒（株）社長に就任している。また、貴族院議員、参議院議員を歴任、日本ボーイスカウト日本連盟会長も務めている。

二荒芳徳は、明治19年（1886）、旧侯爵伊達宗徳の九男として東京に生まれ、二荒家を継承した。大正２年（1913）、東京大学法学部政治学科を卒業。高文合格。静岡県理事官、貴族院議員を歴任した。大正５年（1916）、の外遊でイギリスのボーイスカウトに魅了された二荒芳徳は、大正６年（1917）、から静岡県庁に理事官として勤務し、翌年６月25日、沼津岳陽少年団長渡辺水哉・同理事長木下秀四郎・万朝報静岡支局記者岡本礼一・静岡市選出代議士尾崎元次郎らとはかり、静岡少年団の結成に尽力した。大正11年（1922）４月13日、静岡市において開催された第１回全国少年団大会で少年団日本連盟が結成されるとその理事長に、また、沼津の岳陽少年団の名誉団長にも就任している。そして、大正11年（1922）11月に、ボーイスカウト日本連盟が結成されると理事長に就任した。

水野の顕彰碑のある正宗禅寺から近く、松山市駅から徒歩５分程度の場所に、水野家の菩提寺である蓮福寺がある（松山市柳井町３丁目6-3、旧町名松山市豊坂町）。浄土真宗西本願寺派の寺

松山市柳井町３丁目の蓮福寺前の歩道。

院である。

蓮福寺前の案内部分に「水野廣徳之墓所」の標柱が建っている。標記の文字をすべて転記してみたい。正面に「水野廣徳之墓所　蓮福寺」、左手には「水野廣徳之墓所蓮福寺　創建四百年記念　平成十四年」とある。裏面には「松山市出身　海軍々人　日露戦争に功あり　後、反戦・平和運動に挺身　伊予路の文化史跡を守る会」とある。

次は蓮福寺にある文字板からの転記である。

平和論者　海軍軍人　水野廣徳縁起

明治　８年　　　　５月 24 日松山市三津浜に生る。父水野光之、母ナホ、１兄３姉の２男。

明治　９年（２才）母ナホ死亡、更に４年後、父光之死亡。母方の叔父、笹井方に引き取られる。

明治 22 年（15 才）伊予尋常中学校第２学年入学。

明治 29 年（22 才）海軍兵学校入学。２年後同校卒業。少尉候補生。軍艦比叡乗務。

明治 33 年（26 才）海軍少尉。後海軍中尉。上海警備陸戦小隊長。軍艦初瀬乗組。鳥海航海長心得。

明治 36 年（29 才）海軍大尉。第 10 艇隊艇長。

明治 37 年（30 才）２月、日露開戦。第 41 号水雷艇長として朝鮮海峡、旅順方面に出撃。

明治 38 年（31 才）日本海海戦に参加。

明治 39 年（32 才）海軍軍令部出仕。「明治 37、8 年海戦史」編纂。東京在住。

明治 42 年（35 才）３月、大内モリエ夫人と結婚。翌年３月長男光徳誕生。

明治 43 年（36 才）「此一戦」著作、翌年発刊。第 20 艇隊司令に補され舞鶴に赴任。

大正　3 年（40 才）「次の一戦」「戦影」刊行。８月第一次欧州戦争勃発。日本参戦。

大正　5 年（42 才）７月、私費留学、戦時の欧州、英、仏、伊を視察、８月アメリカを経て帰朝、後海軍大佐。

大正　8 年（45 才）第２回私費留学、欧州大戦後のフランス、ドイツの惨状を見、思想の大転換を来す。

大正 10 年（47 才）東京日々新聞に「軍人心理」を掲載。謹慎を受け、解除後退役。軍服に決別。

大正 13 年（50 才）６月 29 日モリエ夫人病歿。「浄貞院釋賢明盛慧大姉」享年 39 才。

昭和　3 年（54 才）11 月 5 日越智郡菊間町寺尾栄次郎氏長女ツヤ夫人と再婚。

昭和 18 年（69 才）11 月東京より伊予大島吉海町に疎開。ツヤ夫人の甥重松冨来夫氏宅に寄寓。

昭和 20 年（71 才）8 月 12 日長男水野光徳マニラにて戦歿。「明覚院釋英哲光徳居士」享年 36 才。10 月 18 日水野廣徳、今治別府病院にて急逝。「覚照院釋廣観順徳居士」享年 71 才。

昭和 52 年　8 月 21 日、ツヤ夫人逝去。「覚香院釋尼妙順艶大姉」享年 90 才。

大正 10 年 1 月、『東京日々新聞』に寄稿した「軍人心理」の一文が危険視されて、謹慎処分を受け、予備役に編入されて海軍を退職することになったことが記されている。大正 10 年 8 月のことで、年齢 47 歳であった。

昭和 20 年 8 月 12 日には、長男水野光徳（36 歳）の訃報が記されている。野村吉三郎の紹介部分でも触れたが、光徳は九州小倉の炭鉱の財閥佐藤巍長女と神田学士会館で挙式し、参列者 114 名で、水野の親友野村が主賓として祝詞を述べた。

次に水野家の墓を訪ねてみる。墓石の前にある水野広徳の遺影は、日露戦争当時、海軍大尉時代のものである。墓石の表には、「水野氏累代之墓」と彫りこまれ、裏面には、「かへり見れば　崎嶇

羊腸の七十年　虫乃如く生き　草の如く枯る　廣徳」と刻まれている。この一節は、彼の「年頭の辞」からの引用である。墓石の左の側面には、「明治三十九年一月　水野廣徳　建之」が、右の側面には、「昭和二十年八月十二日　マニラフンドアンに於て戦没　水野光徳三十六歳」とある。昭和20年、フィリピン作戦に召集されて負傷し、終戦の三日前に、空襲で亡くなったのである。享年36歳、将来を期待された優秀な青年であった。

蓮福寺の出版物に『我聞如是』（蓮福寺縁起）がある。『我聞如是Ⅱ』（平成9年6月1日発行）は、扉部分の写真で、〈「輝け平和への道」「水野広徳」50周年記念碑　住職山岡隆〉と水野を紹介している。住職の山岡隆氏も昭和14年3月松山中学卒の水野広徳の後輩である。また『我聞如是Ⅲ』（平成15年10月1日発行）には「水野広徳と戦争の廃絶」の間室胖（岩手県一関市）を紹介している。

さて、平成22年6月2日現在の旧松山中学（現愛媛県立松山東高校）の明教館に展示されている肖像画を見てみよう。

どんな人物の肖像画が展示されているだろうか。人名と時代的背景で見たい。

①秋山眞之（1868.3.20～1918.2.4）海軍軍人

②秋山好古（1859.1.7～1930.11.4）陸軍軍人

③安倍能成（1883.12.23～1966.6.7）文部大臣・学習院院長

⑤石田波郷（1913.3.16～1969.11.21）俳人

⑥伊丹万作（1900.1.2～1946.9.21）シナリオ作家

⑥今井嘉幸（1878.5.25～1951.6.30）弁護士・代議士

⑦片上伸（1884.2.20 ～ 1928.3.4）評論家・教育家

⑧加藤恒忠（1859.1.22 ～ 1923.3.26）外交官・政治家

⑨加茂正雄（1876.8.15 ～ 1960.8.29）工学者

⑩河東碧梧桐（1873.2.26 ～ 1937.2.1）俳人

⑪児島馬吉（1868.12.26 ～ 1947.2.26）教育者

⑫小林信近（1842.8,28 ～ 1918.9.24）実業家・政治家

⑬佐伯矩（1876.9.1 ～ 1959.11.29）栄養学者

⑭桜井忠温（1879.6.11 ～ 1965.9.17）軍人・作家

⑮勝田主計（1869.9.15 ～ 1948.10.10）政治家

⑯白川義明（1868.12.12 ～ 1932.5.26）軍人

⑰杉浦非水（1876.5.15 ～ 1965.8.18）造形美術家・教育家

⑱高橋龍太郎（1875.7.15 ～ 1967.12.22）実業家・政治家

⑲高浜虚子（1874.2.22 ～ 1959.4.8）俳人

⑳内藤鳴雪（1847.4.15 ～ 1926.2.20）俳人

㉑夏目漱石（1867.2.9 ～ 1916.12.9）英文学者・作家

㉒西村清雄（1871.2.13 ～ 1965.10.25）教育者

㉓船田一雄（1877.12.7 ～ 1950.4.18）司法官・実業家

㉔正岡子規（1867.9.17 ～ 1902.9.19）俳人・歌人

㉕松根東洋城（1878.2.25 ～ 1964.10.28）俳人

㉖真鍋嘉一郎（1878.8.8 ～ 1941.12.29）医学者・教育家

㉗水野廣徳（1875.5.24 ～ 1945.10.18）軍人・軍事評論家

㉘村上霽月（1869.8.8 ～ 1946.2.1）実業家・俳人

㉙柳原極堂（1867.2,11 ～ 1957.10.7）俳人

㉚山本義晴（1876.9.11 ～ 1948.11.9）実業家

一覧にしてみると、やはり伝統と歴史に輝く多彩な校史を感ずる。

『愛媛新聞』は、平成７年（1995）２月７日（火）に、南海放送制作の終戦五十周年記念ドキュメンタリードラマ「悲劇の予言者　海軍大佐水野広徳の戦い」を紹介している。ドラマは「今夏放映予定で作家・早坂暁氏（旧制松山中の後輩）が案内役」とある。同記事は、早坂氏が「十七年前に伝記を読み、水野大佐を紹介したいと思っていた」、「彼は日米戦争での日本の敗戦を予言するなど、高い先見性を持っていた。だが、特別な才能を備えていたというより素直に双方の工業力を比較できる冷静さを保っていたというべきだ」と述べていることを伝えている。

同新聞は、平成７年（1995）４月23日の第26面（芸能特集面）でも、南海放送制作のドラマ「悲劇の予言者　海軍大佐水野広徳の戦い」についての記事を組んだ。松山出身の元海軍大佐・水野広徳を主人公にしたドラマで、７月１日午後１時半から約１時間放送されること等を伝えた。

平成７年（1995）７月16日には、第９面（地方版）に、水野広徳の墓前に『水野広徳著作集』全八巻（雄山閣）の出版を報告する記事を掲載した。著作集を編纂した南海放送門田圭三会長ほか重松冨来夫さん、重松美代子さんをはじめ遺族代表重松昌彦さんとその夫人など関係者17名が、７月15日に水野の菩提寺蓮福寺に集い、先の「水野広徳著作集」の刊行を報告している。「元海軍大佐でありながら軍縮、反戦を唱えた平和思想家水野広徳」を紹介する記事であった。東京大空襲を予見し、日米不戦を訴え、植民地支配を批判するなどの卓越した視点が近年、再評価されていると紹介している。

墓碑に刻まれた年頭の辞からの引用の一節について『水野広徳著作集・第七巻』は、昭和18年に記述された文章として掲載しており、編者の太田雅夫教授は、「編注」を施して、「水野は毎年年頭に『年頭の辞（遺書)』を書くのを習慣としていた」と紹介している。『著作集・第七巻』(321頁以下）より、昭和18年のものについて全文を見てみよう。「封筒　表　四五に開く　昭和十八年一月誌」、「裏　秘」とあり、「生者必滅会者定離とか。我今生を棄てて死に就かんとす。一たび眠って再び醒めず。一たび別れて復会わず。天の命なり。我幼にして孤児となり父母の愛を恣にせず。暖飽の恵に厚からず。狷介強我自ら性を為す。長じて海軍に入るも、…」と平俗な立身出世の道は唾棄した、とある。かたや「水野の記憶力の正確さと史料による刻明な記述と回想は、実によく当時の松山の風俗を再現さすのである。とくに当時の小学校・中学校の学校生活、同窓銘々伝などは、松山の教育史上にとって貴重な文献であり、また当時の経済生活の実態を知らせる数字の列挙などは、松山の経済史上の不可欠の史料を提供してくれる」(太田雅夫、『水野広徳の秘められた自伝』桃山学院大学短期大学『紀要』第六号、49頁）と評価する立場もある。

周知のように、水野広徳の没後、島田謹二解題になる水野の自伝が、『反骨の軍人・水野広徳』として、昭和53年（1978）9月に上梓されている。その著述は、「戦前の十三年から十五年ころに書いたものらしく四百字詰め原稿用紙で膨大な量。死の直前にツヤ夫人に『絶対に公表しないように』と言って渡したということで、ツヤ夫人は昨年八月に死去するまで、人には見せず渡された時のまま油紙に包んで隠していた。残された遺品類を整理していた重松さんがこれを見つけ、戦後三十年以上もたっており、むしろ公表すべきだとして南海放送の平田陽一郎社長に相談、このほど出版が決ったもの」と水野夫妻の疎開先の伊予大島の重松冨来夫（ツヤ夫人の甥、『我が青春・伯父水野家の思い出』にも登場）の努力を『愛媛新聞』（昭和53年2月12日）は紹介している。当時、文筆活動を制限され、日々悶々とした状態に置かれた水野広徳であったが、外国では高く評価された軍事評論家・思想家であった。その著『反骨の軍人・水野広徳』（経済往来社）「前篇」の「中学同窓の面々」（232頁）で、同級生を回顧するなかで、さりげなく、『インターナショナル・フーズ・フー（INTERNATIONAL WHO'S WHO）』に唯一人掲載されていると自己紹介している。昭和12年（1937）版の『インターナショナル・フーズ・フー』によると、「水野広徳。海軍大佐、日本海軍将校、1877年生まれ。海軍兵学校卒。出版物、『波のうねり』『次の一戦』、そして、戦争や平和に関する論文多数。東京市世田谷区三軒茶屋143番地」といった簡単な紹介であるが、先の賛助者のなかで、同年鑑に紹介されているのは野村吉三郎（当時、海軍大将）のみであり、水野広徳は、当時海外に広く知られた文筆家、軍事評論家であった。

昭和8年（1933）9月、水野広徳は極東平和の友の会に出席して、左傾的との世評を受けたことに対して、「僕の平和運動について」と題する小冊子を配布し、自己の立場を明確に示した。「僕は軍人としての知識と経験とによりして現代の戦争がいかに残虐悲惨なものであるかを、常人以上に知っている。国家と国民とをして、この戦争の惨禍に陥らしめたくないというのが僕の志である」とする。

島津豊幸編『愛媛県の百年』（山川出版社）は、第1回普選に関連して、愛媛県第二選挙区からの小岩井浄（弁護士）の衆議院議員立候補に関して次のように紹介する。

> 『大衆時代』（昭和3年2月1日）は「労働者農民から慈父の様に慕はれる小岩井浄氏、検事さへ人格者と称賛」という見出しのもとに小岩井浄の略歴を紹介し、小岩井も、同紙上から「今や我等は意義深き選挙戦に臨む事になった。多年無産大衆を蹂躙し来つた既成有産政党に決死的闘争を開始せんかな」と訴えた。
>
> やがて2月にはいると本部を小松駅前に移し、宇摩・新居・周桑・越智各部ごとに支部を組織し、それぞれに選対事務所を分担、地域内の各村々に遊説隊を派遣して演説会を開催するなど、精力的な選挙運動を展開した。こうした第二区内の運動に対応して、県外からは全国水平社執行委員長松本治一郎らが推薦状を発して、選挙区内の水平社同胞に訴え、河上肇・今井嘉幸・大山郁夫（労農党中央執行委員長）らもまた小岩井の推薦状に署名した。県内からは、労農党喜多部長の有友羈太郎ら数人が応援にかけつけ、高須峯造・橘利八郎（大

日本国粋会・民衆新聞社社長）・水野広徳（退役海軍大佐）らも各村々の演説会で演壇上から小岩井支持を訴えた。こうして、「全線に亘って血の出るような戦ひをつづけ」たが、「尚戦線の広大なるために兵員の不足を感じて、各部隊共に苦戦の状態である」と『大衆時代』（2月21日）は報道した。

とある。こうして無産政党からの小岩井淨の得票数は8429票にとどまった。

軍事評論家として

水野広徳は、『東京日々新聞』の依頼により、大正10年1月8～15日に記述した「軍人心理」（5回連載）で、軍人にも選挙権をと提唱したが、海軍刑法にふれると謹慎処分を受け、軍職を離れる決心をした。

結局、海軍大佐で、海軍と訣別した彼は、軍事評論家として、『中央公論』『改造』などに鋭い評論を発表。彼は、軍部大臣武官制に痛烈な批判を唱えた。昭和12年（1937）1月の「大命拝辞」（宇垣一成流産内閣）にいたる前にも同じく批判を加えている。

シビリアン・コントロールの重要性と大切さを理論的武器にしていた水野は、「軍部大臣を文官にまで開放し、国防方針の統一を内閣の手に収め得た時、政府は初めて軍閥の妨害と拘束より脱せられる」（「現内閣と軍閥の関係」『中央公論』大正14年11月号）と指摘している。

第四部　伊予大島の水野広徳

昭和17年（1942）6月5～7日、日本はミッドウェー海戦で、赤城・加賀・蒼龍・飛龍の四空母を喪失した。この敗北で今次大戦の戦局は大きな転機を迎えた。翌年2月、大本営陸海軍部はガダルカナル島撤退を決定した。同年4月、ブーゲンビル島上空で連合艦隊司令長官山本五十六が戦死した。こうして日本は、制空権・制海権をともに失う状況となった。

特高警察の監視下に置かれ、執筆の機会もない日々を過ごしていた水野は、親戚への疎開を決断した。

水野は昭和18年（1943）11月下旬に、伊予の大島へ行く。その落ち着き先は愛媛県越智郡津倉村本庄にあるツヤ夫人の甥の重松冨来夫宅であった。その後、翌年2月初旬に一時帰京している。

そのことについて、木村久邇典『帝国軍人の反戦』は

> 大島へ着いた当初こそ、気候は温暖、食糧も恵まれているような印象だったのだが、日が経つにつれ、医院を営む重松家のような非労働の地主階級には、飯米は年八斗（二俵、120キロ）しか配給されないこと、魚は豊富にとれるものの物々交換で、米や麦を生産しない地主は、次第に魚を入手するのが困難になってくると、安閑として田舎に腰を落ちつけていられないような気がしてきたのであった。

と時勢を表現している。

日本全土への戦禍が現実のものとなってきた。

昭和20年3月10日の東京大空襲で、下町を中心に灰燼に帰していたが、この時期、被害は山の手にも及ぶ状況になりつつあ

った。そして、昭和 20 年 5 月 25 日、被害は現実のものとなる。水野の世田谷区三軒茶屋の自宅は全焼した。

水野広徳、ツヤ夫妻は昭和 20 年 4 月 1 日、東京を離れ、重松冨来夫方に再度の疎開をしており、無事であった。

水野の疎開にあたり、最初、20 個の荷物の運送が可能であったが、4 月からは 10 個となり、残された家財道具、書籍はすべて灰となった。新聞、雑誌への寄稿の切り抜きをはじめ長年整理してきた貴重な資料がすべて灰になった。

松下芳男の『海軍大佐の反戦・水野広徳』（雄山閣）によると、昭和 20 年 4 月 1 日に東京発、4 月 2 日、尾道の宿屋に 1 泊。4 月 3 日、大島の重松宅に落ちついた。太田雅夫の『水野広徳の秘められた自伝』（桃山学院大学紀要）は、「昭和 20 年に東京在住の水野は、東京の空襲による戦災を予見し、せめて汽車の通ずる間に疎開するにしかずという判断のもとに、その年の 4 月初旬東京を去って瀬戸内海の小島に転居してきたのである」としている。

先の木村久邇典『帝国軍人の反戦』によると、疎開時、広徳 71 歳、ツヤ 58 歳であった。広徳は久し振りに海軍大佐の第 1 種軍装に短剣を佩き、ツヤ夫人はもんぺ着用、といういでたちであった。交通事情は最悪で汽車の切符入手はきわめて困難になっていた。よんどころなく広徳は、軍人に割り当てられる切符を得るために、軍服を簞笥の底から引き出して着用に及んだのである。

水野夫妻が東京を発した 4 月 1 日、アメリカ軍は、ついに沖縄に上陸した。

そして 5 日、ソ連は日ソ中立条約の不延長を通告してきた。同日、陸軍軍人で東条内閣を引き継いだ小磯国昭内閣は総辞職し、大命は鈴木貫太郎海軍大将に降下した。鈴木首相は日比谷公会堂で開かれた国民総決起大会で「１億よ、戦友の屍を越えて行け」と戦意昂揚の演説を行なったけれども、その胸奥には最初から戦争収束の決意が秘められていた。鈴木の懐ぶかい人物を知る水野は、鈴木の首班就任に、わが意を得たというように、何度もうなずいたという。

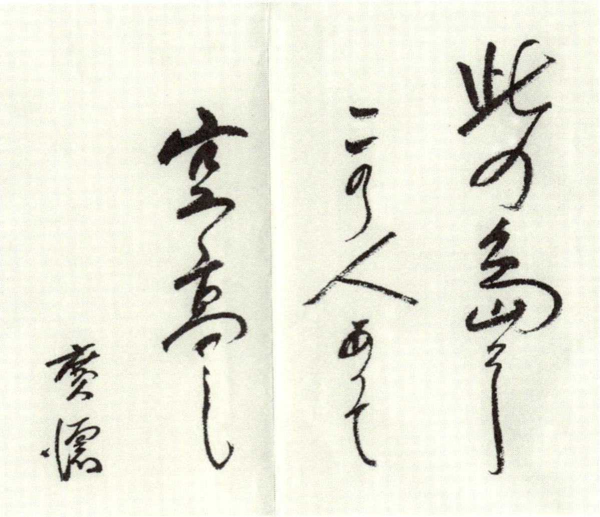

水野が重松恵祐《けいすけ》について書いた。重松の人柄が偲ばれる書である。彼は吉海町幸新田で医院を開業していた。水野の病状を診察、腸捻転で手術が必要と判断した。
重松舜祐（今治市で開業）の御尊父。

疎開先の亀老山高龍寺（真言宗御室派、吉海町）に「過去霊名簿」（自昭和19年10月3日　至昭和35年12月31日）がある。それによると、10月17日の項に「覚照院釈廣観順徳居士　津倉村字本庄前田　重松富貴夫内　故海軍大佐正五位勲三等功五級水野廣徳　七十才」とある。重松富貴夫の２字が異なっており、「冨来夫」が「富貴夫」になっている。この高龍寺の先代の住職によ

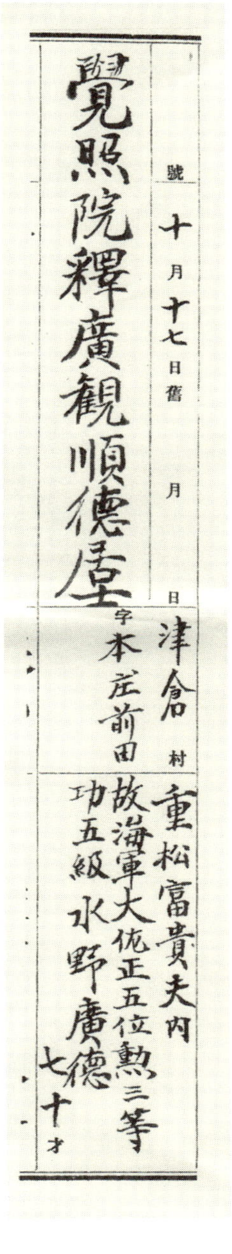
號
十月十七日
舊　月　日
覺照院釋廣観順德居士
津倉村
字本庄前田
重松富貴夫内
故海軍大佐正五位勲三等
功五級水野廣德
七十才

り葬儀が行われたようであるが、大八車に遺体をのせて２キロ程度はなれた火葬場に運び荼毘に付されたという。

ところで、山と渓谷社はしまなみ海道の開通にあわせて『せとうちブック』（通巻 312 号）を平成 11 年（1999）５月に刊行した。「歩いて渡ろう、しまなみ海道」というキャッチコピーで、尾道から今治まで 80 キロの瀬戸内の景観を、楽しみながら踏破することを提唱している。

その冊子に、作家早坂暁氏の「語り継ぎたい気骨の人、水野広徳」という文章が収録されている。その中で早坂氏は「国守る務忘れて軍人が　政治を弄《ろう》し国ついに敗る」と、敗戦の翌日に水野が日記にしるした感慨を紹介している。また、「東京へ帰ろう、敗戦の日本で、水野のするべき仕事は山とあった」

高龍寺の先代のご住職が葬儀を執り行ったため、現住職は詳しいことが解らない。
現在の高龍寺の住所は「愛媛県今治市吉海町 2916-2」である。
瀬戸内海に勢力を誇った村上水軍の菩提寺で、村上義弘公の墓がある。

と、大島に疎開中であった水野の死去を悼んでいる。

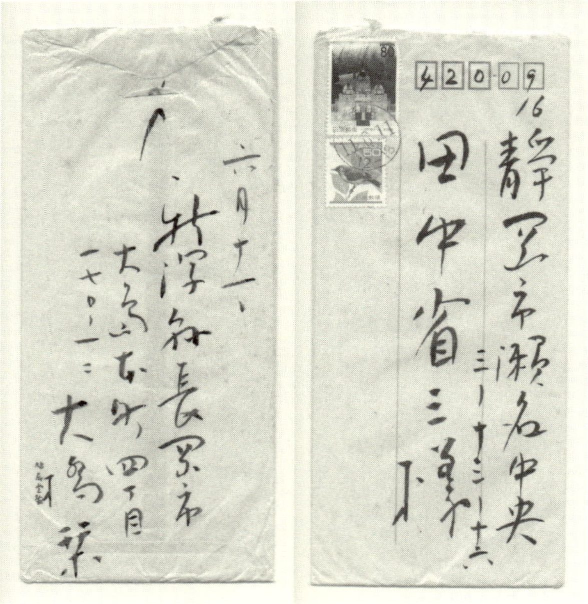

拝復　御丁重な御手紙を頂き恐縮に存じて居ます。伯父水野廣徳への御関心深く身内の者として心より感謝、御禮を申し上げます。私事、今年十月の誕生日にて満八十四才を迎えます。何分、水野の伯父の家で御世話になって居ましたのは私の十八才と十九才の二年足らず、その間の「想い出の生活」で妹宅で御読み下さいました由、お恥づかしい次第でございます。……

＊重松冨来夫氏は、ツヤ夫人の甥で東京農大の学生の時、水野家に出入りしていた。昭和７年、８年のころである。この時、同じくツヤ夫人の姪の寺尾栞さんが水野家に下宿していた（その後、寺尾さんは結婚して大橋栞さんとなる。筆者注記）。

第五部　水野広徳・ツヤ夫妻の姪、大橋栞の記録

寺尾栞は新潟県長岡市大島本町の大橋医師のもとに嫁ぐが、水野広徳の業績と思想が南海放送で紹介されると、親族関係者に懇願されて、水野の貴重な記録をまとめ、平成7年7月29日脱稿した。大橋栞は言う。終戦から50年の歳月が経った昨年11月、四国今治の妹、秋乃から電話で、「今松山で伯父の海軍大佐水野広徳の話題でマスコミが賑わっている。来年戦後50周年記念に南海放送でドラマになるというから楽しみにしている様に。林隆三が伯父に、烏丸せつこが伯母に扮する」との報せがあった。

水野家の様子を一番よく知っているのは姉さんしかいないから、その頃を想い出してお話を聞かせてくれとの事。電話で少々の事は話しておいたが、やはり文字で書き残しておいた方がと思い筆を取ってみたという。以下はその記録である。

私の青春時代、十八・九才の二年間、東京の三軒茶屋での生活は、私が八十年間生きて来た人生の中で一番希望に燃え楽しかった一時であった様な気がする。勿論、あこがれの津田英語塾受験を諦め、祖母の納得のゆく洋裁学校ではあったけれども東京で生活出来るという事は、半減した夢も少しは取り戻せた様な気持であった。水野家は父の一番上の姉、ツヤ伯母の嫁ぎ先である。伯父も伯母も再婚同士であった。伯父には先妻との間に男の子が一人、伯母は子無しであった。私がお世話になったのは結婚されて四年目位でなかったかと思う。私は昭和七年松山の県立女学校五年を卒業するとすぐ上京する事に決った。

小学校二年生から女学校三年迄京都の下鴨に住んでいた私にと

って都会と言うものにそれ程特別の所という観念は無かったが、当時の東京は地方人の憧れの的となっていた処である。今の様にテレビやマスコミの発達していない時代である。京都の人々でさえ、皆東京に憧れたものであった。もう一人父の妹の可那叔母が麻布天現寺方面に嫁いで居られた。

姓は松田という叔父は本省の統計局局長の要職にあり、気さくな方だった様だが、老齢の御尊父が御一緒であったので、菊間の父は遠慮して私を水野家にお願いして下さったのだと思う。水野家で快く引受けて下さった事は、私にとっても感謝で一杯である。

東京行が決り、服装の準備にかかった。一年前に京都女専（今の京都女子大）に入っていた小夜姉に相談した。小夜姉は私の体の大体のサイズを知らせてとの報で早速知らせると姉は形と布地を見計らい、京都の三条通りから新京極に入る所にある洋服布地屋で裁断もして貰った布を送ってきてくれた。私は女学校程度の知識をふりしぼり自分で縫い上げた。帽子・靴も揃った。小さい鞄を持って出発の日が来た。父は私の希望の学校を受けさせてやれなかった事に心が残っていた様であったが、私は元気良く郷里を後にした。初めての一人旅だからというので私を尾道の駅頭迄、瀬戸内海を渡り見送って下さった父は本当に優しい人であった。

大阪、京都と通り過ぎ、琵琶湖湖南へ入る頃には、京都での小学校時代の事、同志社にいた女学校時代の事が脳裏に走る。やがて、富士山を初めて見る事が出来た。素晴らしかった。初めての独り旅。東京へ行く希望がつのり何もかも美しく見えて来た。横浜駅を過ぎると雨が降ってきた。次が品川駅と言うので緊張した。

駅に着く。鞄を持ちホームに降りる。あちらこちら見廻していると、水野の伯母が道行の雨コートに傘を二本持ち高下駄を履き、「栞さん？」と声をかけてこられた。笑顔で挨拶すると、「和服だと許り思っていたから下駄と傘を持って来たのよ。洋服だったのね」と持った紙袋を持ち上げ、にこやかであったが伯母はびっくりした様子であった。四国から出て来たのだから、まさかこのような洋装で来るとは思わなかったらしい。薄いウールのピンクのタイトスカート、デシンの薄グリーン地に細い色どりの縦縞のブラウス、オフホワイトのウールジャケット、白の毛糸編みの一見都会風のスタイルだったのだ。手製の未熟な仕立てに体にもピッタリは合っていなかったろうに……。

品川駅から、省線電車（今の山の手線）に乗り渋谷駅で降りる。現在の渋谷駅とは、全然趣が異なる。昭和七・八年頃の渋谷駅は、木造で駅前の広場は今よりずっと狭く、市電が駅前から発していた。青山方面へ行く電車、多摩川べり迄行く電車、もう一本あった様な気がするが之は忘れた。広場の線路の向こうに低い日本家屋の商店が建ち並んでいた。現在渋谷のシンボル忠犬ハチ公として銅像になっているハチ公も、老いてはいたが、まだ健在で、亡き主人を毎日駅頭に迎えに来ていた頃である。

現在、ハチ公の銅像のある左手の角に四階建位の小さな東横デパートがあり、一階は横浜へ行く東横線の始発駅であった。駅前から玉川線に乗り、道玄坂を下り、太子堂を過ぎ三軒茶屋にて降りる。電車の線路は、三軒茶屋から右に曲り、多摩川方面に向っている。左側は、駒澤大学迄の広い坂道が見えるが電車はなかった。

水野家は停留所から駒澤大学側に五分程歩き、右側の瀬戸物屋の角の小路を三分位進むと裏木戸に着く。外燈に水野と記してあった。標札は水野勝手口とあった。正面玄関は塀に沿って四・五間行き左へ曲がると鉄格子のある門柱が二本立ち並び水野広徳の標札がかかげられていた。玄関の木立の間に洋館建ての応接間、書斎が見えた。当時はやりの和洋折衷の建物であった。

土地は農家が手離さず借地であったそうだが二百坪位あったと思う。

……………………

松山藩の武士の末裔であり、海軍将校であった伯父の家での生活は、礼儀正しいものであった。

朝の挨拶は勿論、学校に出かける時は、殆んど書斎で執筆されている伯父の部屋迄まいり、手をついて「行ってまいります」の御挨拶をかかした事は一度もなかった。勿論伯父の御出かけの時は伯母、私、女中の三人が「行っていらっしゃいませ」の三つ指をつく。血はつながらないが、従兄に当たる光徳兄が、登校（東大三年生）の時も帰宅された時も、裏玄関の板の間にみんなで出迎えた。光徳兄を私は「お兄様」と呼んでいた。今迄きょうだいのいなかった身が､急に「お兄様」と呼ばれるのが面映いのか「そんなにしなくてもいいですよ」と笑いながら、二階の自分の部屋へよくかけ上がっていらした。土曜日か日曜日には大佛さん（従兄・重松冨来夫兄の渾名、父の二番目の姉・政野伯母の長男。終戦前、伯父夫妻が疎開、ずっと亡くなられる迄お二人の世話をされる。当時、東京農大生。重松の伯父は開業医、塩田業も営む）が私をガールフレンド代わりに誘いに来る。伯母は「冨来夫さんならば大安心、栞さん行ってらしゃい」と私を大機嫌で出してくれる。お蔭で冨来夫兄とはあちらこちらへ良く遊びにも行ったし見物もさせて貰った。又御馳走にもなった。大佛さんの渾名は背が高く体格も良く当時としては大柄だったし性格もおだやかで、大佛さんの渾名は適格だった。本当に冨来夫兄とは安心して東京の街々を行動できた。早慶戦、学生音楽会、エノケンの松竹座見物、当時の大学生達は殆んどが真面目人間の方が多かった。又、二十一才になれば徴兵検査がある事、之は当時の日本国民の男性の当然の義務である事は、子供の時から頭の中・体の中にたたき込まれていたからであろう。本当に真面目そのもの、又、女性も結婚前は清き心身を誇りとしていたものである。

春の或る日、水野の伯父も娘の子が家にいる事で、多摩川堤へ「つくし採り」を計画され、伯父、光徳兄、伯母、私と四人で伯母の手作りのお弁当を持参、半日長閑かな多摩川堤の草むらの中で遊んだ事があった。伯母も嬉しそうだったし私も楽しかった。伯母も光兄も楽しそうであった。東京の人は「つくし」を余り食べないらしい。摘んでも頭だけつみ取り、茎の所は不用なのだそうだ。郷里の四国では、はかまのついている茎の所の方が大切なのにとその時思ったが、所かわれれば食べ方も変わるものだという事を知った。

春、つくしの出来る頃は農家の方が、一杯茎ごと摘みとったつくしを売りに見えた。朝食には必ずはかまの取られたもやしまがいのつくしが玉子とじにして食膳にのせられていた。

その日の多摩川べりには勿体ない程のつくしが顔を出し悠々と風に吹かれていた。お菜になる程のつくしを摘みとり、四人で土手沿いの草むらに敷物をひろげお茶を飲み、お弁当を頂いた時は誰の顔も春風の様なのどかさであった。いつになく光兄も口数が多く、伯父は楽しげに相づちをうっていらした。伯母も義理の息子にたえず気を使って居られる様だったが、私が中に入ると、之ものどかな調子で絶えず笑顔があった事を記憶する。何日かたった後、伯父は「今の栞さんは丁度あのつくしの様だな」と頬をゆるめられたのを、この大年を迎えていても忘れていないのは不思議だ。伯父、光兄も次第に私を家族同様に思って下さる様になり、東京水野家での私の生活は幸せであった。私も常に伯母に注意される事柄には一生懸命務めた。箪笥の上には物を置かぬ事、座敷の雨戸の開け閉じはお手伝いにさせずに私がする事等々。伯父が芝生を刈って居られる時は、後からついて廻って刈られた芝をかき集め堆肥穴に埋める。伯父は朝四時半に起床される。他の者は誰も起きていない。五時過ぎお手伝いのＴさんが台所で水を流す音がする。次に伯母と枕を並べて同じ部屋で寝ていた私も、着換え始めると伯母も共に着換えをし夫々の仕事に就く。伯父は鶏を十羽程裏庭の片隅に小屋を造り、育てて居られた。朝食が出来る迄、鶏小屋の掃除、生みたての玉子に鉛筆で日附記入。それを籠に入れ、茶の間の外のぬれ縁に置かれる。玉子は伯母の手で台所の戸棚の箱の中に日付順に納められる。朝食の生玉子はいつも生み立て、納豆、おのり、必ず食膳に並んでいる。伯父が近くの畠を借りて作られた胡瓜、茄子、大根等の新鮮な野菜のぬか味噌漬が美しく揃えてある。とり立ての野菜はいつも水々しい。伯母の手際の良いおいしい料理にはいつも驚き感嘆して頂いた。

伯父の一日は朝食後書斎に入られると食事以外は余り出られなかった。伯父の昼食は長崎カステラ二切れに牛乳又はお茶だった様な気がする。伯母も同様、私とお手伝いは二人で残り物などで御飯の食事をした。今の時代の様にテレビがあるわけで無くラジオのみの時代、家の中は静寂そのものであった。目黒のドレスメーカー女学院は杉野芳子院長の自宅の傍にあり、住宅街の中にあったが、朝は普通の学校より遅出で良かった。伯父の執筆の邪魔になると思い、麻布天現寺の叔母の家にミシンを置かせて貰っていた。学校の帰り「目黒駅」の次の「えびす駅」で降り、市電に乗り換え天現寺で下車、叔母の許に行き、その日の宿題を終え水野家へ帰って来る日課がつづいた。天現寺の叔母は年も若く、又、子無しであったので、私が来るのを喜んで待っていて下さった。又、静岡から来ていたがお手伝いのＨさんも明るく陽気な人であったので、松田家は又水野家と異なる雰囲気があった。叔父の尊父も、もう七十五才を過ぎて居られたが、お茶の好きな方で良く私にお抹茶をたてて下さった。両家とも夫々の特徴があり好きであったが、矢張り水野の伯父の人物、風格は尊敬せざるを得なかった。

或る夕食時、光兄が「ファーザー、（光兄は伯父の事をいつもファーザーとお呼びしていた）今度の事、残念だったね」と伯父に話かけていた。「ウーム」と伯父は口をつむり黙って居られた。

後で伯母にお聞きすると今度『改造』に執筆された五十頁にわたる「平和論」が原因で、発売禁止になったのだそうだ。そう言えば先日ＮＨＫのお呼びで講演会に、陸軍の軍人が十人許り来ていて途中で妨害されたという事も聞いていた。当時の私は伯父が何故そのようにされるのか詳しい事は解らなかったが、軍部が次々とアジアの方に足を伸ばそうとしている折の事、伯父の戦争反対論説は邪魔であったのだという事が何年か後に理解出来、当時の伯父の沈黙された表情「解って呉れないのだ！」と光兄につぶやかれた後書斎に入られた様子等今更の様に脳裏によみがえって来る。今の私の年齢から考えると六十数年も前の昔の事、三日前の事でも忘れている今日此の頃、若い頃の記憶とは何時迄も鮮明に残っているのは不思議だ。

それでも伯父は毎日執筆を続けておられた。執筆の合間に毎日掃き溜った庭木の落葉を堆肥として利用し、鶏小屋に溜った鶏糞を混ぜ肥沃な土を利用して菊作りに専念して居られた。十月始め立派な大輪の菊が育て上げられていた。四・五十鉢はあったと思う。伯母は「菊見の宴をされるから明日は新宿の二幸へ買物に行くのよ。栞さんも一緒に来てね」と言われお供をする事にした。私も初めての事なので伯父・伯母のなさる事に注目した。

伯母は先ず巻紙に筆で献立表を記し始められた。一の膳何々、二の膳何々、料理名・品目等々、今思うと料理屋さんで会席料理を頂くのと同じ様なのであった。本当に驚いた。伯母が平素小さい文机の上で書を練習して居られたのを見かけたが、何事も真摯である伯母には感動した。翌日新宿駅の向かい側にあった二幸食料品専門店より必要品を買い整え、伯母と共に帰宅した私は一驚した。簀で囲まれた見事な菊の飾り棚が庭から座敷に向かい作られ、既に大輪の菊鉢は四段程に並べられていた紫色の垂れ幕が周囲を囲み、中央は同じく紫色の大きい房のついた組ひもでたぐり上げられていた。中央の幕には水野家の定紋が染めぬかれている。配置良く電球が照明代わりに取り入れられ何時お客様がお見えになっても立派な菊見が出来る。伯父はあらゆる事に才たけて器用なお方だと又々感服していた。

伯母は当日朝早くから白い割烹前掛を着け、お手伝い相手に台所で忙しく、余念がない。私は床の間、違い棚、床柱のカラ拭き、座布団並べと大忙し。夕方一番に野村夫妻が見えられた。太子堂辺りにお住いなので時折り和服姿でブラと見えて居られたが、今日は海軍将官の立派ないでたちで、夫人も羽織姿の和服であった。

野村大将と申し上げれば、後にアメリカ大使として派遣された方であるが、昭和七・八年頃も既に大将で居られたか定かではないが、水野の伯父とは個人的に親しい友人関係で居られた様だ。日が暮れ始めると次々と海軍軍服の人達が見え、座敷に座して居られる。話し声は闊達で大きい。皆さんお体も立派な方許り、伯母は上手にお膳の配置も終え、夫々の方に御挨拶をされている。私は初めての事で胸がドキドキした。多分、江田島で同クラスのお仲間が多かったのであろう。皆将官級の方許りであった様だ。明治の女性は娘時代に琴・三味線のお稽古事は大抵の方がたしなんでいた様だ。伯母もその一人、又野村夫人も伯母よりはずっとお年上の様であったが、三味線がお出来の様であった。紺の軍服の中に紅二点と言っても、しとやかな令夫人達の三味に合わせ唄声が聞こえ始めた。軍人許りの宴席は始めてであった。女中と交替でお銚子運びに励んだ。宴は友情に満ち溢れ和やかな雰囲気の中に終えた。

世に入れられぬ伯父の思想理論のため、仲間から退陣した伯父の淋しさを慰めるためか、又、心では伯父の意に賛同してか、親しい元同輩達の温かいねぎらいと励ましが伯父を勇気づけたのであろう、翌日からも執筆に意欲をかきたてられた様子であった。菊見の宴も無事に終え菊の美しさも終わりに近づいた頃、十一月始めの日曜日、伯父、伯母、光兄、私の四人で伯母の手作り弁当をバスケットに入れ、今度は武蔵野原野の拡がる大泉へ出かけた。私も初めてであったので、伯父達の後を伯母と語り合い乍らお供をした。今から考えると、今の西武線沿線に大泉はあったのだ。

しかし当時はどの様に電車に乗ったのか記憶には残っていない。ただ、その頃の大泉は武蔵野の雑木林の拡がる平原遠くに富士山がくっきりと秋晴れの空に美しい姿を見せていた。遠くの雑木林の中に一・二軒、白壁に赤い屋根の洋風の住宅があったのを記憶する。まだまだ開発されていない原野の様に見受けられた。伯父が手に持って居られたステッキで、光兄をお伴させて枯草や枯葉を踏み分け無形の線を引き始めた。伯父と光兄は何か、しゃべり合い乍らその線は二・三百坪位の大きさにしきられていく。伯母と私は立ち止まったまま二人の姿を目で追っていた。「そこから此処迄だよ」、伯父の大きい声が私達の方へ向かって響いてきた。伯母はにっこりされ深くうなずかれ、私に「伯父様、今度、この土地をお買いになったのよ」。「えーい」と私は思わず感嘆の声をあげた。夕日の沈みかけた武蔵野平原、遠くに富士山が白く美しく輝いて見える此処に、いつの日か伯父伯母達が移り住まわれるのかと、感慨深く眺めやった。光兄の、「ファーザー、いい処じゃない！」。伯父をお父さんと呼ばないでファーザーと呼びかける声にも慣れ、その声も嬉し気であった。私は三軒茶屋から遠いこの土地、わたしの一年余馴染んで来た水野家は将来再び見る事が出来ないのであろうと思うと感無量であった。

……………………

光徳兄は根っからの東京っ子であった。伯父とは全然似ていなかった。体格しかり、容貌も、きっとお母様似だったのであろう。今風に言えば「しよう油顔」と言う優男でいらした。独り子で大切に育てられた方、伯母も色々と気を使って居られた。砂糖を入れぬ煮小豆が好きだった事、伯父の事をファーザーとお呼びしていた事、東大生に似合わず松竹少女歌劇の「大塚君代」のブロマイドを部屋の壁に何枚もはってあった事、伯母が「光さん」は栞さんが見えてから私にとても馴じんで来てくれ、ほっとしたと言われた事、私を一度だけ宝塚少女歌劇を観に連れて行き、物恥ずかしそうであった事、東大を卒業し、就職試験には伯父に頼り切っていた事、住友鉱業に入社し、足尾銅山に暫く行っていらした事、私が東京を引き揚げようとしている時、大企業久原工業の社長令嬢との縁談がまとまりかけていた事、等々。二年足らずの水野家での生活が今でも脳裏に蘇ってくる。

私も郷里に帰り急に縁談が増え、姉は冨来夫兄の弟の東京工大生の敦雄兄に決めていたらしいが、私は縁談が来る時は一度に来るものだと言う常識念で、その中でお仲人が五・六回も来られた近澤医院の夫人令弟と見合をし結婚となったのである。

その後の伯母との手紙のやりとりの中に光兄は、ばあや付き女中付きの令嬢をお嫁に貰ったため、家に来られても私の方が下座に座り、あれこれと世話をしなければならない、余り上から嫁を貰うと却って苦労する等と書いて寄こされた。

人間の一生とは不思議なものである。良かれと思ってした事が却って不幸になる場合がある。光兄も財閥令嬢を妻にしておけば後々何かにつけ不幸になるまいとの伯父の考えが裏目に出、光兄夫人は半年後に結核発病、入院生活がつづき、とうとう二年後には離婚せざるを得なくなったのである。独り身に戻った光兄は自ら転勤を希望し、フィリピンのマニラ支店勤務となった。第二次世界大戦が終末近くアメリカ軍上陸と共に帰国のチャンスを失った光兄はそのまま市民兵として戦い、一命をおとされた。伯父はその戦死を知らずに他界されたそうである。

終戦から五十年の歳月が経ち、五十周年の回顧の催しが諸々に行われている時、伯父の事が話題に持ち上がり、ドラマ化され、全国に放映。朝日新聞紙上にも、又昨日は当地、新潟日報紙上にも、半頁近くの紙面に伯父の写真と記事が掲載されているのには感激した。あの写真の伯父の笑顔もなつかしい限りである。

七・八年前、元水野家のあった三軒茶屋辺りを散策して見たが、当時の面影は全然残っていなかった。静かな住宅街であり、山の手風の屋敷街がすっかり変貌していた。東京大空襲で伯父の原稿も本も家と共に焼失、無くなってしまったそうであるが、伯父の平和を論じたあの心が五十年も経た今日、まだ生きて人々の心を動かすという事は何と言う感動であろう。

私も満八十才を近く迎えるが、青春の一番思い出の深い水野家での生活を記し終え、又、伯父の心の響きをこの年に味わう事の幸せをつくづくと感じ入るのである。平成七年七月二十九日脱稿。

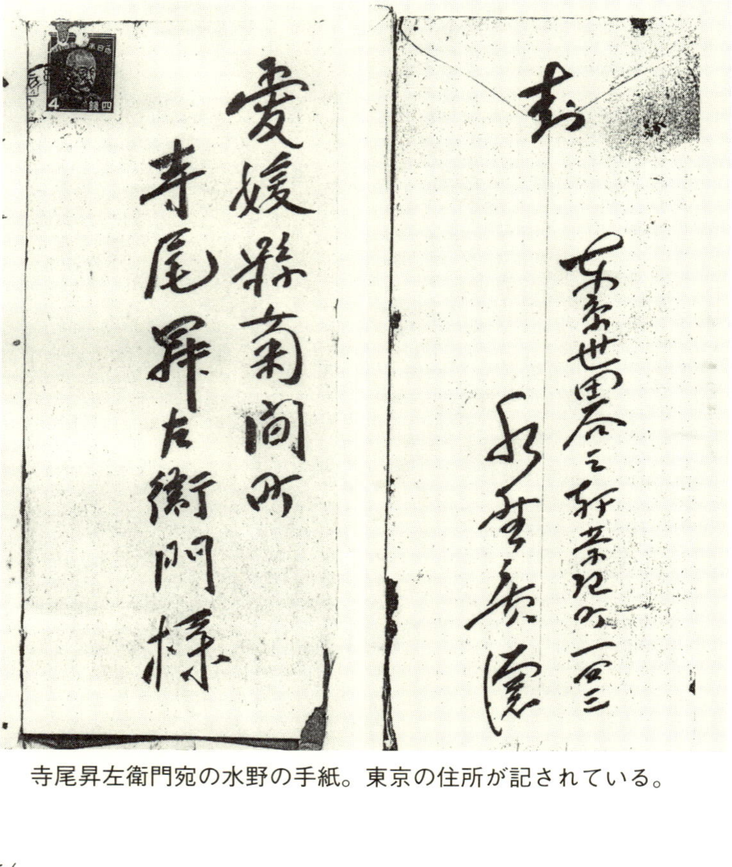

寺尾昇左衛門宛の水野の手紙。東京の住所が記されている。

東京大空襲のためか、地図は番地を正しく示すにとどまるものか。現在、旧い番地を取っているものではないのかも？

記録を読ませてもらい、筆者も現在の三軒茶屋町を訪ねてみた。平成12年現在の『住居表示旧住所検索表』（世田谷区）と本表を頼りの気楽な旅であった。三軒茶屋町143には、吉沢商店の看板のあるお宅があったが、古い戦前の話には、まったく関心がないようであった。郷土に関連のない古い事を大都会で調べることは至難の業と感じた。

第六部　水野広徳の第二の人生

（統帥権独立否定論の立場）

水野広徳は先述したように、明治８年、愛媛県温泉郡三津浜に生まれた。父は光之といい、旧伊予松山藩士であった。

水野は、松山中学校を経て、日清戦争後、江田島の海軍兵学校の 26 期生として入学、22 歳であった。

水野 29 歳の、明治 36 年（1903）11 月３日、天長節に連合艦隊と佐世保鎮守府の合同祝賀会が催された席上、水野は泥酔し、第二艦隊司令長官上村彦之丞中将に対して「この馬鹿野郎！」と怒鳴って幕僚と取っ組み合いを始めたが、お咎めはなかった。「この事件で、水野の〈勇名〉は、海軍全体に響きわたり、まもなく第十水雷艇隊第四十一号水雷艇長に転補、翌 1904 年（明治 37）２月始まった日露戦争には海軍大尉第四十一号水雷艇長として従軍した。水野が現役軍人として実戦に参加したのは、日露戦にある」（大内信也、前提書、46 頁）と明確に指摘している。

「軍人心理」発表と謹慎、そして文筆活動へ

大正９年（1920）５月、二度目の欧州視察から帰国した水野は、同年７月、『改造』７月号に、「独逸の敗因」を発表した。彼は「戦争は今や人の力にあらず、大砲の力にあらず、形而上下の一切を包含したる国其のものの力にある」と第一次世界大戦を総括した。そして、「今や我が国の問題は如何にして戦争に勝つべきかにあらずして、如何にして戦争を避くべきかにあると思ふ」と主張した。

水野は、その約半年後の大正 10 年（1921）１月、『東京日日新聞』の求めに応じ、新年号記事として「軍人心理」（５回）を

発表した。当時の生活必需品の高騰に対して「英仏は数百億円の戦費を費し、国内物資の総てを挙って戦争に投じたる困憊の国である。日本は戦争中に数十億円の利益を占めたる成金国である。而も国民の生活状態が前者に緩にして後者に苛なるを見るの時、そこに政治若くは社会の制度組織に何等か大なる欠陥の存在するを疑はずには居られなかった」と、日本の政治・社会制度に強い関心と危惧を示した。彼は「軍隊の社会化、デモクラ化とは如何なることを言ふのであるかの問題に至りては、事軍隊の内部に属するが故、之を世間に向って多くを説述するの必要はない。唯世人の目に触れたる極めて卑近の一例を挙ぐれば、世間から軍人愚の象徴と笑はれ、部内に於ては党閥激成の兇具と非難のある彼の大学卒業徽章や参謀飾章の廃止の如きである。是等のものは婦女子の歓心を買ふをと、軽薄子の虚栄をそそる以外に、軍事上何等の効能も認めない」とした。

この発表によって30日間の謹慎処分となり、予備役に編入されることになった。がこの時期は、水野が思想的転換を遂げた段階であった。「ナポレオンを侵略魔、殺人鬼以外の何者とも思わぬ程に英雄崇拝心の消滅した僕は、もはや二度と戦争芸術人となるの気はなかった」のである。

水野は、今が絶好の機会と、謹慎最終日に加藤友三郎の意を受けて野村吉三郎が海軍残留を促したが、ためらわず海軍を去った。大正10年（1921）8月、47歳、ワシントン軍縮条約締結の五ヶ月前のことであった。

水野退職の半年後、大正11年（1922）2月、ワシントン軍縮条約が締結され、退職将校には、それぞれ多額の軍縮手当が支給されることになる。しかし水野は、退職を軍縮まで待てと忠告する関係者の声に耳を傾けず、軍縮手当一万円を国家に献金する形で決然として海軍軍人から訣別した。

水野の「新国防方針の解剖」(『中央公論』、1923年6月号)は、松下芳男によれば、「実に力の限りの熱血をそそぎ、憂国の至情をかたむけられたものであって先生の軍事上の蘊蓄と平和愛好の熱情とは、言葉と言葉、行と行の間に、にじみ出て、軍事評論界の最高権威、愛国的平和主義者という地位は、これによって確立したのであった」としている。この記念すべき原稿執筆について水野は、「僕は今まで新聞雑誌社の求めに応じてだけ書いたけれども、あの原稿だけは自ら進んで執筆し、『中央公論』に投稿したものである」としている(前坂俊之『海軍大佐の反戦・水野広徳』)。

もともと、「帝国国防方針」は、明治40年(1907)4月、山県有朋による明治天皇への意見上奏の結果、奥保鞏参謀総長・東郷平八郎軍令部長といった統帥機関のみで策定されたものだが、大正7年(1918)の第一次改定を経て、今回、水野が問題視する「第二次改定」が出されるに至った。そして、海軍軍縮条約を受けて、海軍の強い要求により改定された「帝国国防方針」では、仮想敵国を米国、ロシア、中国の順とするものとなった。

そして、首相加藤友三郎・参謀総長上原勇作・海軍軍令部長山下源太郎の3名が沼津御用邸に行き、軍備上の某重大事件に関して摂政宮(後の昭和天皇のこと…筆者注記)に奏上したと伝えられる。つまり、『東京日日新聞』が仄聞したとして発表したことは、日本が仮想敵国を露国からアメリカに変更した旨を告げるものであった。

前述の「新国防方針の解剖」（『中央公論』大正12年6月号）で、水野は「抑も国防は国家の為の国防である。国民の為の国防である。国家の存亡安危に関する重大問題である。国民の生命財産に関する重要問題である。然るに此の重大問題の計画、決定、実施の権が、経済知識に乏しく、政治識見の低き、而も思想に於て旧腐固陋武断主義軍国主義なる老軍人に依って独占せられ、壟断せられ、国民の意思は寸毫だも顧みらるゝ處はない。而も国民は必任の義務として兵役に徴集せられ、重税を賦課せられ、一朝事あるに際しては、壕の埋草とせられ、底の藻屑とせらるゝことは、忍び難き處である」と軍閥政治と政策決定のプロセスを批判した。

「新国防方針の解剖」で、「現代戦争に於て航空機が至大の威力を有せることは最早や更めて述ぶる迄もない。日本の如く家屋建築の脆弱、四時風力の強烈、四面環海等、敵の空中攻撃に対して幾多の弱点を有せる国に至っては、空中防禦の充実は海軍よりも、陸軍よりも、一層喫緊の急務である。軍事当局者にして誠心国防の必要を感ずるならば、軍艦の建造を延期してなりと、既設師団を減少してなりと、先ず空中軍の充実を図るべきであった。航空母艦、航空機、投下爆弾の進歩したる今日、海上より百台の飛行機を東京の上空に飛ばすことは左程の難事ではない。強力なる一発の爆弾は東洋一と称する丸の内ビルデイングすらも粉砕することが出来るであろう。百台の飛行機は一夜にして東京市内を灰燼に帰せしむることも出来るであろう」としている。

水野は「現代の国防は経済力に基礎を置かねばならぬ。工業力乏しく、経済力弱き我が国の如きは、徒に外形の軍備を張る代りに先ず工業力の発達に力めることが緊要である。猥に空言の国防を叫ぶ代りに先ず経済力の充実を図ることが必要である。之が為めには国防の手段方法を講ずる前に、国防に対する国民の観念を是正することが先決問題であろう。我が軍事当局者の国防軍備に対する施設を見れば、或は帝国国防に最も緊要なる航空機の充備を等閑に付せる如き、或は不当の軍備手当に依って故意に軍人の思想を悪化せしむ如き、真に戦争に備へんとするの誠意を認められない。

今、力の世に於て時勢に適せざる、実質の伴はざる形体ばかりの旧式軍備を張り、以て新国防などと唱ふるは、白昼鬼面を被って人を威かすの類で、足元は既に世界に見破られて居る。『大陸の某地域に対する軍事行動』の如きは、最も愚にして最も危険なる策である。要するに軍事当局者の中心には、近き将来に於て戦争は無きものと信ぜるか。否らざれば戦争は為し能はざるものと覚悟せることが見へ透いて居る。然るにも拘はらず尚ほ国防に名を藉りて、不要なる軍備の縮小に反対するが如きは、一に是れ自家の地位と権勢との擁護維持に汲々として、国家国民を忘れたものと言われても弁解の辞はあるまい。単なる軍事的見地にのみ立脚せる軍人のみに依って決定せられたる国防方針に対しては、吾人国民は信頼することが出来ない。現代の国防方針は経済、産業、政治、教育等の諸問題と、国民の意思とを斟酌考慮して決定せらねばならぬものである。国防は国家の為めの国防であって、軍人の為めの国防ではない」とした。

1924年（大正13)、「『戦争』一家言」『中央公論』（夏季増刊号）は、「平和思想の先駆」を盛り込んだ内容となっているが、水野の現実を直視した「人道的良心」が反戦平和主義者へと駆り立てたと考えられる。

水野は言う。「日露戦争までは軍人の戦争であった。而して軍人の大多数は無産階級の子弟である。故に戦場に屍を曝す者は貧民階級であって、富有階級は大砲の響きも聞かねば碧血の流れも見ず、唯わずかに慰問袋の寄贈と出征軍の送迎位にすぎなかったのである。すなわち戦争は貧民階級にとりては生死の問題なるも、富有階級にとっては半ば遊戯気分であった」とした。「然るに、欧州戦争以来戦争は全国民的となった。飛行機の爆弾は見舞うに貧富の差別を設けない。遠距離砲の弾丸は撃つに老幼の区別をおかない。鉄砲担いで塹壕に立たずとも、全国到るところが戦場となった。戦争は貧者の仕事として富者は高閣に晏如たるをえなくなった」とする。

そして、今回の戦争を境とする世界情勢の変化を水野は、「世界の各国民は専制の産物たる英雄崇拝より覚めて自由の本源たる自治の殿堂に向って進んでいる。なかにも欧州戦争は世界の無産階級を経済的に覚醒せしめ、ブルジョアの堅城たる国家主義の一角は崩れて社会主義は急撃の発展を遂げつつある」とした。「アジアの大陸から離立せるわが国は地理的関係上、古来外敵の侵襲より免かれた。

これがため幸か不幸かわが国民は戦争の残虐味を知らない。近くは日清、日露、日独の三役とも幸に連戦連勝で未だかつて敗戦の悲惨を味わない。従うてわが国民は今なおすこぶる楽観的である。日本魂と伊勢の神風、戦えば必ず勝つものと迷信的に信じている。勝利を軽信せるがゆえに戦争をやりたがる。加うるに国民性の性急がある。外交問題が起るごとに国民は一束飛びに最後の手段に急ぎたがる。国家の危険がここにある」(『水野広徳著作集』第五巻・評論II・71～84頁）とする。

水野は、排日移民法案が上下両院を通過したときでも、「ニューヨークその他における米国の大新聞紙が筆鋒鋭く議会の暴挙を難詰し、わが国に対して大なる同情を表した。吾人はこれがため米国議会が反省して排日法案を撤回するとも思わない。またこれをみて米国民の輿論は排日法案に反対であるなどと早合点をするものでもない。しかしながら米国新聞のこの正論を読んで、米国また正義の人あるを知り、米国に対する吾人の反感を著しく緩和することができた。かつてわが国より支那に強要したる二十一個条なるものは、その条文の内容において、その要求の手段において、今回米国の排日問題に対するわが国民以上に支那国民をして憤慨激昂せしめた。これがため支那には国恥記念日までも設定せられ、今なおわが国に対する反感反抗の気を年々新たにしている。いわゆる対支二十一個条なるものは国際正義の上よりみて論議すべき点がすくなくない。当時日本の新聞紙はこれに対し、今回米国新聞のとりたる如く侃諤正義の論を吐いたものがあるであろうか。今日、日支親善、日支提携を説く日本人ははなはだ多きも、日支融和の最大障碍物たる二十一個条の改廃を唱うる声を聞かない。米国の排日によって国家の面目を踏み潰されたるわが国民は、これに鑑みて他国の面目を尊重すべきことを覚らねばならぬ」と冷徹な政治感覚と国際的視野に立つ判断力を示している。

また水野は、ワシントン条約が、日本海軍を救ったばかりか、わが国の財政、世界経済をも救ったとしている。

その論述は大正 13 年（1924）の「軍艦爆沈と師団減少」（『中央公論』10 月号）で、「一昨年春華府会議に於て定められたる海軍制限条約は各国の批准を終って今や其の実行期に入って居る。此の海軍制限の華府協定こそ有史以来人間の為したる最も高尚なる、最も神聖なる大事業である。之に依って欧州大戦後当然起るべかりし恐るべき海軍拡張の大競争を未然に防ぎ、各国民学校就中我が国民学校をして過大過重而も有害無益なる軍艦製造費の負担を免れしめたのである。華府協定あらずとするも、当時我日本は財政逼迫の結果として既定計画なる八八艦隊の建造をば当然廃棄するの已むを得ざる運命にあったのである。端的に言へば華府協定こそは実に日本財政の危機を救ふたるものである。若し夫れ曩に華府協定成立せずして後に昨年の大震災あったりとせんか、我海軍は米英の六割は愚か二割三割に落下したるやも計り知られないのである。何故となれば米国は国費多端とは云へ、其の優大なる富力海軍を拡張するには尚ほ充分の余力を有って居る。之に反し大震災の深創を蒙った我日本には軍艦を製造せんにも今や財政の余力がないからである。如何に富国の傲慢を呪ったとて恨んだとて、国際共産の実現せざる限り免るべからざる貧小国の悲哀である。米国にして若し害意あらば海軍競争を以て日本を圧迫するには今日が絶好の機会である。

而も米国が此の好機を捉へながら、敢て其の海軍を拡張せざる所以のものは、実に是れ華府協定が厳存する為めである。此の意味に於て華府協定こそは実に亦日本海軍の危機を救ふたものである。然るにも拘はらず軍国主義的短見者流は、今春米国議会が排日案を通過するや、華府協定を以て「日本の力を殺ぐ為めの米国のペテンである」と叫び、愚直なる国民に向って無益なる敵愾心を挑発するに力めた。吾人より見れば米国排日案の不合理なるは論外なるも、華府協定と排日問題とは全然別個独立のものである。排日案は華府協定の有無に拘はらず、敢て必ずしも震災の有無とまでは言はない、早晩起るべき問題であったのである。若し米国に於ける排日案の目的が日本を辱め、日本を苦しめんが為めでありとすれば、米国に取りては自国の海軍力を制限する如き華府協定こそ却て邪魔物である。米国如何に物好きと雖も何を苦しんで自ら自国を邪魔する如き協定を結ばんやである。それとも又果して米国のペテンとすれば米国民は協定後一年半にして起りたる日本の大震災を予知して華府会議を開いたのであろうか。或は大震災までが米国に加担して日本をペテンに掛けたのであろうか。日本国民の多くは大震災を以て天譴と称へた。果して天譴なりとせば天の自然までが米国に与みして日本を譴めたのである」と国際的な軍縮協定の遵守の必要性を訴えた。

そして、「国防の計画をば軍人の専断に委して顧みざる我国民の如きは、国防に対して極めて不忠実と云ふべきである。左れば国防計画を定むるものは国民の信任ある政治的識見高く、国際的眼界広く、経済的知識大なる人々でなければならぬ。徒に敵愾心のみ強き軍国主義帝国主義の軍人のみに任かすべきでない。軍人は寧ろ定められたる国防計画の範囲内に於て作戦用兵のことを掌れば宜いのである。軍人がヤレ一兵一馬を減ずるを許さずとかヤレ四個師団以上減少する能はずなどゝ頑張るは非立憲時代の遺弊風である」(「軍艦爆沈と師団減少」『中央公論』1924 年 10 月号)

と国際平和の推進のための軍備縮小を強力に主張した。そして、立憲政治のもとで、「シビリアン・コントロール」の必要性を高唱した（華府協定＝華盛頓の略称。筆者注)。

水野は、「西部戦線の要石だったベルダン要塞は、独軍が四年間に五十万人もの血を流しただけに、とびぬけた惨状を呈していた。血に咲くやベルダン城のけしの花」と最後に、発句の紹介がある。

水野は、その体験と思考から、世界平和を確立するには、各国が軍備を撤廃して、国連の管理統制下に強力な世界警察軍を創設しなければならない……という軍備撤廃論者に変身していた（半田正文『水野広徳小伝』日本医事新報、昭和 62 年 6 月 6 日)。

先にふれた水野の日米仮想戦記のもう一冊が『興亡の此一戦』（昭和 7 年刊）である。反戦平和の主張を展開したものであるが、満州事変以後の謀略戦争の拡大に警鐘を鳴らす意味で記述された感があった。夢の展開とはいえ、「爆撃下の東京」では、「敵の幾機かは遂に東京の上空に進んだ。瓦斯弾と焼夷弾とは随所に投ぜられた。瓦斯マスクの用意なき市民は忽ち瓦斯に犯され、群を成して斃れた。敵機来襲の警報ありてより僅かに一時間あまりである。火災は先づ市の東と南とに起った。やがて北にも、西にも、火の手は三十ケ所、五十ケ所に及んだ。避難民雑踏の為めに消防ポンプも走れない。先ほどから吹き起つた南東の風は、火を見て益々猛り狂ふて居る。満天を焦がす猛火、全都を包む烈火、物の焼ける音、人の叫ぶ声、建物の倒れる響。後は悲情凄景。想像も出来ない、形容も出来ない。火災は二昼夜継続し、焼くべきものを焼き尽くしたる後、自然に消鎮した。跡は唯は灰の町、死骸の町である」と、あたかも、東京大空襲の状況と重なる記述である。

軍部大臣現役武官制否定の理論『現代日本思想大系３』（筑摩書房）「民主主義」（1965年初版）の中に水野の代表的な論文「軍部大臣開放論」（『中央公論』大正11年８月号）、「戦争一家言」（大正13年６月、夏季増刊号）を紹介した家永三郎は、「大正デモクラシー」を「単に国内的な政治上・社会上・経済上の民主主義思想にとどめることなく、国際的な平和主義思想をも『大正デモクラシー』の貴重な遺産として重視したいと考え、その視点から水野広徳の思想家としての意義に注目したいと思っている」としている。

家永論文は、水野の思想家としての歴史的位置付けを、一つは「統帥権独立否定論の憲法思想上の意義づけ」と、もう一つは「太平洋戦争の帰結をいち早く予見した偉大な先見の明についてである」と高く評価している。

同論文は「昭和５年（1930）刊の佐々木惣一著『日本憲法要論』では、国務大臣の外に天皇を輔弼する機関を設けることは憲法違反であるという、すぐれた見解を示しながらも、すでに統帥に関する輔弼機関が別に成立している事実につき、『今日ニ於テハ天皇ノ陸海軍統帥ノ行為ハ国務大臣ノ輔弼ヲ要セズトスルノ慣習法成立セリト解スベキナリ』と言って、結論的には統帥権独立という既成事業のジャスティフィケーションを行なっている」と紹介している。

これに対して水野は、「軍部大臣開放論」（1922年『中央公論』８月号）で「殊に要路子の言として驚くべきは、統帥関係事項に関しては陸海軍大臣は国務大臣としては責任が無いと云ふことである。之に依れば陸海軍大臣は半分は国務大臣で半分は国務大臣で無いと云ふことになる。憲法第五十五条には『国務各大臣ハ天皇ヲ輔弼シテ其ノ責ニ任ス』と明らかに規定せられ、統帥関係事項であろうが何であろうが総て悉く国務大臣として其の責に任ずるものが至当であると信じて疑はない。統帥権なるものを不合理に独立せしめんが為め、陸海軍大臣をして斯くの如き一身両頭の化物たらしむるに至るものである。従ふて尼港事件の如き数百の同胞を凶刃に斃し而かも恬として恥ざる無責任行為が現はれるのであると思ふ。

次に軍部大臣開放の方法としては、吾人は大体に於て要路子の掲げた両案即ち

第一案

陸海軍大臣が文官たることに論なく、統帥事項に就いては飽迄国務上の責任を帯びない事として陸海軍大臣の任用範囲を拡張す

第二案

軍隊の指揮、作戦計画と云ふ如き純軍事上の事項は参謀総長、軍令部長をして奉行せしめ苟も国務に関係ある統帥事項は、一般政務に属せしめ帷幄上奏の制を廃す

の第二案を主張するものである。之に対し要路子は『両案共夫々の理由を有し又相当利益する處あるであらうが』と云へるは其卒直なる告白に対して敬意を表する。然るに要路子は更に語を継いで『之が為に生ずる弊害は実に莫大なもので国家の為めに大不利益であると断言して憚らない』と云へるに至りては、断じ方があまりに早計であると思ふ。要路子はその理由として軍部大臣開放に伴ふ四個条の弊害と之に対する事例を挙げて居る。而して弊害の第一としては動もすれば統帥の独立が完全に保たれないと云ふことである。即ち政務軍務混合の結果、戦時迄も政略し軍略とが互に相錯綜し軍の統帥が不知不識の間に政略の為めに引き摺られ真の独立の機能を失ふに至るのである」と言っている。

しかし、水野は、「統帥は必ずしも現在我国に於けるが如く過度に而かも不条理に独立せしめて置く必要は毫も認めない。策戦用兵の権さへ一般政務外に独立して居れば平時は勿論戦時と雖も戦争遂行上少しも差支へはないのである。政務と軍務との混合は制度の改廃に依って之を避くることが出来る。現に欧米諸国に於ては立派に之を行って居るではないか。次に国際関係が複雑となり戦争が国民化するに従ひ、内外に対する政略と軍略との錯綜するは自然の産物で如何なる制度と雖も之を免れることが出来ない。殊に外交政略に於て然りである。されば、軍略の為めの政略を犠

牲にすべき場合もある代りに政略の為めに軍略を犠牲にすべき場合も生ずるのであろう。斯かる場合に於て統帥の独立を盾とし軍略の為めに常に政略を犠牲に供する如きことあらば往々戦争の大局を破壊し国家に大害を生ずる虞れがある。

国際関係錯綜の結果、今後の戦争は軍略よりも寧ろ政略に重きを置くことが必要となるであらうと思はれる。この点に関して吾人は要路子と全然反対の憂慮を抱いて居るものである。要路子は普仏戦争を例に引いて居るが同戦争に於ては政略が軍略を禍したる形跡が無いでもない。併しながら之と反対に欧州戦争に於て独逸は軍略の為めに殆んど総ての政略を犠牲として而して敗れた」と。そして「陸海軍当局者にして真に国防軍備の必要を思ふならば先ず国家を立憲的に打ち立てることを考へねばならぬ。立憲的なる全国民の後援と支持なき軍備や軍隊は砂上の楼閣と等しく強風一過すれば忽ち根本的に崩れて仕舞ふ」とした。

「『戦争』一家言」(『中央公論』臨時増刊号、大正13年6月)で、水野は「火薬は爆発の危険がゆえに、これを火気のなき場所に貯蔵せねばならぬ。軍人は好戦の危険あるがゆえに、これを政治の外に隔離せねばならぬ。軍人に政権を与うるはあたかも火鉢のかたわらに火薬を置くと同様に危険である。軍人は戦争を好むがゆえにややもすればすべての国家機関を戦争の目的に供せんとする。これがすなわち戦前のドイツ式軍国主義である。シベリア出兵などの愚挙は軍人宰相にあらざればなしあたわざるところである」と言い切った。

水野は軍制の改革を高唱し、「国民のための国民の国防を説いて、わが国防計画に対する軍部の専横を非難し、これに代わる国防会議の設置を提唱し、さらに帷幄上奏の弊を語り、陸海軍省の併合、元帥府の廃止を唱導している。……いわゆる帷幄奏上権こそは軍部がよってもって金城湯池とたのむところで、彼等はたまたまこの堅塁に立てこもって毒弾を政治界に向って発射するのである。ゆえに軍部のこの堅塁を抜くにあらざれば、根本的なる軍政の改革は到底おこなうことは出来ない。これに反しこの緊塁さえおとしいるれば、他の改革はほとんど刃を用いずして解くことが出来るのである」と。そして「帷幄奏上なるものの法律上の根拠はどこにあるのであろう。参謀本部ならびに海軍軍令部条令中に『帷幄の機務に参画し』という字句以外に日本の法律中帷幄奏上なる文字は存在しないと信ずる」とする。

太平洋戦争の終戦間際に米軍が日本にまいた「降伏宣伝ビラ」にも引用された「米国海軍と日本」（大正 14 年〈1925〉 4 月）について、東大教授の上杉慎吉は、『日米衝突の必至と国民の覚悟』で、「大正 10 年 11 月華盛頓に於て日本軍艦十数隻が撃沈せられたのである。此の軍備制限会議成るものは、実に米人の大賭博であって、太平洋支配日本征服の企図を成就せんとするの第一着として之を試みたものである、日本を圧迫し、日本の力を殺ぎ取ると云ふ外に華盛頓会議なるものの動機なきことは、如何なる方面より見るも疑なきことである」と国民や日米対立を煽った。大正 13 年（1924）秋の日本海軍の太平洋上の空前規模の大演習を受けて、米国海軍も大正 14 年（1925） 1 月からハワイから南太平洋にわたる大演習を遂行した。それは六ヶ月にも及ぶ大規模なものであった。水野は、第一次世界大戦中に、一時、日米両国の同盟関係もあって、日米間が友好的となって、第一次世界大戦前にあった「日米戦争不可避論」が霧散したかとなり、関東大震災時に米国民の示した厚い同情によって好転していた両国の国民感情が、大正 13 年（1924） 5 月、排日移民法が成立し、日本移民が完全に排斥されることになって、わが国の反米世論が急速に高まり、「米国を撃つべし」との声が急に高まつたことを真剣に危惧した。

そして、水野は、大正 14 年（1925） 2 月、『中央公論』 2 月号に、「米国海軍の太平洋大演習を中心として」と題する論説を発表した。まさに副題のとおり、「日米両国民に告ぐ」という論稿は、日米協調が必要なことを訴え、軍国主義者に冷静な対応を訴えている。「武力の戦争に依って日米問題を解決せんとするは、日本の為めに無謀で米国の為めに徒労である。左れば我等は米国との軍備競争には絶対に反対すると共に、米国の大演習に対して何らの恐怖を抱かない。日米問題の解決は唯両国の国民的了解に依るの外はない。之が為には大国たる米国国民の寛容と、小国たる日本国民の自省とが必要である。日本は素より貧国である。併しながら米国に対して何等の領土的野心を有する者ではない。日本の米国に求むる處は精々移民問題位である。之とても唯他の諸国と同等の待遇を要求するに過ぎない。日本は経済生活に於て米国に負ふ處大なることを知って居る。日本を潰すに大砲は要らぬ。米国娘が三年日本に絹をストライキすれば足るとの評も、確かに或る程度まで真である。故に米国と友好関係を保つことは日本国民の等しく望むところであろう。米国と雖もあの国土の大と物資の豊富とを以てして、貧小日本に対し何等の物資的野心も欲望も持たぬであろう。支那の利権の如きも、日本が抜掛の功名に依り独占の慾を恣にせざれば、日米の協調を保つことは恐らく難くはないであらう」と。そして、好戦的軍国主義者を批判する。「今の日本人中に無責任に放言的に、日米戦争を説く者は甚だ多い。彼等は太平洋を泳いで渡り、大和魂と剣付鉄砲さえあればロッキー山を越え得ると思って居るであろう。苟も、多少なり日米の事情に通ぜる人間にして、日米戦争など本気で考える者は恐らく一人もあるまいと信ずる」(「米国海軍の大演習を中心にして」)。また、無産運動に関心をもっていた水野は「軍艦爆沈と師団減少」(『中央公論』大正13年10月号)で言う。「強者の支配権を是認するは帝国主義である。富者の独占権を是認するは資本主義である。帝国主義と資本主義とは共に利己主義である。利己主義は非協同である。非協同は非平和である。故に帝国主義、資本主義を是認しながら国際平和を望むは、石を抱いて水に浮かんことを臨むと同一の矛盾である。現在の国際道徳、社会制度が存続する限り、国際にも社会にも、決して真の平和は到来せぬであろう。

国際聯盟は今年の総会に於て軍備縮小会議促進の決議を為した。之が成果に就きては今尚予測を許さない。唯幸に反帝国主義、非資本主義者にして、而かも世界の平和に情熱を有せるマクドナルド、エリオ両氏が時を同じふして英仏首相の位に在り、相扶けて聯盟を指導して居る。此等平和の両雄にして永く其の地位に止まり互に肝胆相照して世界平和の為めに尽くすならば、多年の懸案たる国際軍備の縮小、仲裁裁判制度の確立の如きも或いは解決の機運に達するかも知れない。併しながら両氏にして其の地位を去らんか、之に代わる者は必ずや帝国主義と資本主義の色彩強き右党の人物たることを疑はない。然る時マクドナルド、エリオ両氏に依りて折角真面目化したる世界平和運動も再びジンゴイスト（jingoist ＝感情盲目的愛国主義者）の玩弄物に復元するであろう。是れ人類の不幸、世界の損失である。

併しながら世に逆手と云ふ術がある。若し夫れ世界平和に進むの他の手段を問はば、世界大戦を尚ほ両三度繰り返へすことである。ただ斯かる逆手に仍って贏ち得たる平和に幾千の価値があるかは別問題である。

世界の現状は不知不識の間に寧ろ逆手を択びつゝあるのではないかと疑われる。併し又吾人の逆手と信ずるものが或は却って神の本手であるかも図られない」とする。

水野はまた言う。「欧州戦争以前に於て第二インタナショナルは『戦争は資本家と資本家との戦いである』として戦争反対の決議を行った。然るにも拘はらず欧州戦争一たび勃発するや、各交戦国の社会党員の多くは忽ち主戦主義に豹変して、曽て仇敵視したる資本家と握手し、昨日の同志たる敵国の無産階級に対して銃口を向けたのである。而して之に依って無産階級の得たるものは何であったらう？。唯欧州の山河を朱に染めたる敵味方の無産階級何千萬人の碧血ばかりであった。世界の無産階級は最早や再び此愚を繰り返へさぬであらう。受益者は常に現状維持を好む。女郎屋の親父によって廃娼は望まれまい。軍備の撤廃や戦争の廃絶や非受益者たる無産階級の力に依ってのみ、始めて現実の可能性がある（『無産階級と国防問題』昭和４年８月、61 ～ 62 頁）」としている。

水野は、大正 14 年（1925） 4 月、『中央公論』に「米国海軍と日本」を発表した。水野は、その論稿で「米国は国土、人口、工業、財力などの点からみて「少なくも世界第一の強国である。少くも世界第一の強国たり得るの資質を備へて居る」ことを立論の前提にする。そして国際連盟やワシントン会議の軍備縮少が世界平和という崇高な精神に由来するものだが、「資本国が己に有利なる現状維持の為めに無産国の台頭を抑ゆる一種の国際的治安維持法であるとも考えられる」点も見逃せず、「国際政局の上より米国海軍を考察するには、単に軍艦の隻数噸数を比較して多寡を論ずるばかりでなく、軍備の奥に潜む或る物を考へねばならない」と、「近視眼的分析をいましめる」と言う。（大内信也、『帝国主義日本 NO と言った軍人水野廣徳』142 頁）

昭和７年（1932）10 月、清沢洌《きよさわきよし》の『アメリカは日本と戦はず』（千倉書房）が刊行された。昭和６年４月以来、アメリカに滞在していた清沢が、昭和７年８月に帰国した直後から問題としていたものである。

さて、昭和８年（1933） 8 月 25 日、「極東平和友の会」の創立総会が開かれ、水野も出席したが、この会は右翼の妨害によって途中で中止になる始末であった。

ところで、ドイツ・日本が国際連盟からの脱退通告後の昭和８

年（1933）10 月、「平和への直言」（『改造』10 月号）で水野は、この発売禁止のいきさつを松下芳男に書き送り、「今日の日本に於て平和論は絶対禁制です」と告げた。

昭和 10 年 8 月に政府（岡田啓介内閣・海軍大将）は、第一次国体明徴声明を発表し、続いて 10 月にも国体明徴第二次声明を発表、天皇機関説を排撃し、軍部・右翼の意に沿う形を造成した。

第七部　水野広徳の遺徳

（水野広徳遺墨展）

平成７年（1995）10月24日～27日、南海放送本町会館において水野広徳遺墨展が開催された。

南海放送社長の挨拶に

水野広徳が悲運の最期を遂げました昭和20年10月より、丁度50年を迎えました。

私共は郷土の生んだ反戦、平和の先覚者水野を顕彰すべく、放送番組制作、全著作集の発行等に取組んで参りました。

このたび、記念行事のまとめとして、来る27日、特別シンポジウムを開催するに当たり、これまで世人の目にふれることのなかった水野の遺墨、遺品ならびに関係者の資料をまとめて展示することといたしました。

東京大空襲により水野の自宅も焼失し、所蔵する物もほとんど失なわれましたが、辛うじて残りました今回の展示品によりましても、生涯志を曲げることのなかった水野の苦闘の足跡を偲ぶに足るものと存じます。

平成７年10月

愛媛新聞社長

南海放送社長

とある。

『水野広徳著作集』の大事業の２年たらず前、前坂俊之は当時を回顧して論述する。

大正13年（1924）１月に加藤友三郎首相、上原勇作参謀総長らはアメリカを仮装敵国とする新国防方針を作成した。

水野は早速『中央公論』（同年４月号）に「新国防方針の解剖」

を発表、日米戦争を徹底して分析した。
水野は、現代戦は武力よりも経済力・国力の戦いであり、鉄鉱・石油・綿花・鉄製品などを比較、貿易へのはね返りなども検討し、日本はアメリカに圧倒的に劣り、長期戦には耐えられないと判定した。さらに実際の戦闘も空軍が主体となり、東京全市は米軍による空襲で一夜にして灰じんに帰すと予測した。水野の結論は、日本は国家破産して敗北する以外にないというものであり「日米戦うべからず」「戦えば必ず敗れる」と警告した。
水野は「当局者として発狂せざる限り、英米両国を同時に仮想敵として国防方針を策立する如きことはあるまい」と指摘したが、太平洋戦争が起きる約20年前のこの水野の警告は無視されてしまった。
大正11年（1922）にワシントン条約が締結された。日本の海軍主力艦の保有比率は、英米の6割に抑えられたが、軍縮の徹底した推進論者であった水野は、この条約を「有史以来の最も高尚、神聖なる大事業。日本財政の危機を救いたるもの」と高く評価した。
しかし、ワシントン条約に加え、長年、日米紛争の要因となっていた日本人移民を排除するという「排日移民法」が大正13年（1924）5月に米国でついに可決されたこともあって、日本国内の反米感情が一挙に爆発した。にわかに日米戦争が現実味を帯び、国内では「アメリカを撃て！」のムードが高まってきたのである。その中で、水野は一貫して“日米非戦論”を訴え続ける。　同年秋には、太平洋上で米国を仮想敵国とした大規模な海上演習が実施され、米海軍もこれに呼応した形で大演習を行い、緊張は一層エスカレートした。日米対立を憂い水野は、「米国海軍の太平洋大演習を中心として（日米両国民に告ぐ）」（『中央公論』大正14年2月号）を発表した。両国民はもっと冷静になり、軍縮すべきことを提言、日本は「大和魂うぬぼれ病と戦争慢心病の熱にうかされている」とし、日米双方の対立の原因は「相互の猜疑にもとづく恐怖心と誤解による危惧心」と指摘した。

戦前の日本の政党政治を崩壊させた原因は統帥権独立と軍部大臣（現役）武官制であったが、水野は「軍部大臣開放論」（『中央公論』大正13年8月号）で、「軍部独走の危険性とそれを防ぐためシビリアンコントロールの必要性を訴えた」とした。…（中略）…そして「水野が出版した戦記はもちろん、『中央公論』などの雑誌に発表した軍事、政治、外交など時局に対する膨大な論文もすべて網羅し、戦前を代表する軍事評論家というだけでなく、自由主義者、戦時下の抵抗のジャーナリストとしての水野の全体像がこの全集によって初めて明らかとなる。

と偉大な、壮大な企画の全貌を語られた。

水野広徳の全著作、水野広徳著作集の刊行の辞に関して門田圭三社長は、

水野は東京大空襲に先立つこと二十年前の大正十二年の論文で、日米戦は『百台の飛行機が一夜にして東京全市を灰燼

に帰せしむることが出来るであろう』と予言したが、そのとおり終戦の年には水野の自宅も空襲で焼け果てるという悲運にあったが、その中にあってもその信念はゆらぐことはなかった。

水野は自らが高級軍人であったが故に、最も軍人の本質を知るものであるという自負のもとに、軍部の独走とその政治支配を怖れ、軍閥権力の根拠となるものとして「統帥権の独立」と「軍部大臣現役武官制」の危険性を大胆に指摘し続けた。

しかしこれらの貴重な内容を含む諸著作は、ほとんど顧みられることなく散逸の危機に瀕していた。が、先年弊社が出版した自叙伝『反骨の軍人・水野広徳』が世に出たのを機に、各方面から注目されるところとなった。殊に軍事方面から見た、戦前、戦中の平和運動、反戦活動の資料は、水野の論筆以外には見ることの出来ないものである所から、水野の著作集の刊行が切望されるようになった。

と熱い思いを語っている。

また、前記のように南海放送は平成７年７月１日、「悲劇の予言者〜海軍大佐・水野広徳の戦い」（55分番組）を企画・制作した。日本テレビ系列の全国放送によるものであった。作家の早坂暁氏が案内役で、出演は、林隆三・鳥丸せつこといった豪華なキャストであった。このように様々な終戦50年記念企画にも注目が集中して盛り上がった。

《参考文献》

水野広徳『水野広徳著作集』雄山閣 1995

島田謹二解題『反骨の軍人・水野広徳』経済往来社 1978

吉村昭『海の史劇』新潮文庫 2000

河田宏『第一次世界大戦と水野広徳』三一書房 1996

『日本の歴史　第 18 巻　日清・日露戦争』集英社 1992

半藤一利『日本史が楽しい』文芸春秋 1997

大内信也『帝国主義日本に NO と言った軍人水野広徳』雄山閣 1997

前坂俊之『海軍大佐の反戦　水野広徳』雄山閣 1993

家永三郎「水野広徳の反戦平和思想」『思想』昭和 42 年 9 月号

島津豊幸編著『愛媛県の百年』山川出版社 1988

愛媛新聞社・南海放送「水野広徳遺墨展」1995

愛媛新聞「出身明治の軍人・水野廣徳」1978.2.12

同新聞「日米不戦論の水野元大佐に迫る」1995.2.7

同新聞「水野広徳墓前に出版報告」1995.7.16

同新聞　ドラマ「悲劇の予言者」南海放送制作 1995.4.23

同新聞「悲劇の予言者～海軍大佐・水野広徳の戦い」1995.6.25

同新聞「敗れるがゆえの反戦なのか」（上）島津豊幸・水野広徳没後 50 年、1995.9.4

同新聞「敗れるがゆえの反戦なのか」（下）島津豊幸・水野広徳没後 50 年、1995.9.5

静岡新聞「理想の旗を掲げつづけた自由主義者　清沢洌」1998.5.24

毎日新聞「日米非戦論を唱えた海軍大佐」前坂俊之 1993.12.14

《水野広徳関係年表》

1875（明治 8）	5	愛媛県和気郡広町 27 番地（松山市三津３丁目）に生まれる。父は光之、旧伊予藩士。母はナホ。１兄３姉あり。（松山市役所に残る本籍地は、松山市大字北夷子町１番戸）
1876（明治 9）		母ナホ死亡。
1877（明治10）		水野光之一家松山（松山市北夷子町）に帰住する。
1880（明治13）		父光之死亡。広徳が家督相続人となったが、母方の伯父笹井真澄方に引き取られる。
1881（明治14）		松山巽小学校入学。成績優秀、時に首席、大体３番以内。
1882（明治15）		松山の漢学塾「東条塾」に通う。「大学」「論語」「孟子」を素読。
1886（明治19）		秋、友達らと帰宅途中に巡査に捕まり交番で暴行を受ける。地元の新聞に小学校生徒の乱暴という捏造記事「あたかも長崎事件」が掲載される。この事件で子供心に権力の乱用への反抗心が植えつけられる。
1887（明治20）		私立伊予尋常中学校開設。
1888（明治21）		海軍兵学校、築地から江田島へ。
1889（明治22）		松山高等小学校卒業、伊予尋常中学校２年に入学。
1890（明治23）		悪戯年と共に激しく伯母の手に負えず、遂に笹井家を追い出され、兄家に寄寓。共に苦惨なる自炊生活をする。
1891（明治24）		陸軍幼年学校を志願したが、友人の勧めにより海軍兵学校志願に変更する。
1892（明治25）		このころより海軍兵学校入学試験科目である代数、英語、漢文以外の科目の授業には出席せず、放縦自炊生活と相まって学業すさむ。
1893（明治26）	3	中学校卒業試験落第、退校する。

1893（明治26）8　初めて海軍兵学校入学試験を受ける（広島にて）。代数にてはねられる。学友と共に郷里の「海南新聞」を配達する。月酬 97 銭。

1894（明治27）　海軍兵学校入学試験に普通科目が加えられ大恐慌、大狼狽。

5　愛媛県尋常中学校５年級へ再入学。自炊を止めて下宿する。

7　兄病死。爾後、単独自炊しつつ兵学校入学試験準備のため自修する。郷党の餓鬼大将であった。

8　痔核のため、海軍兵学校入学受験を断念する。

11　生年月日を明治 10 年 10 月 24 日と訂正す（２歳若返って挑戦）。

1895（明治28）3　愛媛県尋常中学校卒業。

8　海軍兵学校入学試験受験。漢文科にて不合格。

11　遼東半島還付条約調印（８日）。

12　海軍兵学校追加募集試験に合格。

1896（明治29）2　海軍兵学校入学（22 歳）、海軍兵学校 26 期。広島県江田島にある同校入学。同期に、野村吉三郎・小林躋造などがいた。

1898（明治31）12　海軍兵学校卒業。首席は木原静輔。卒業生 59 名中水野広徳は 24 番。

12　少尉補に任ぜられ、海軍比叡（初代）乗務を命ぜられる。実地訓練のため北米西岸に遠洋航海する。

1899（明治32）　帰航後、軍艦千代田（三等巡洋艦）に配乗。乗組みの第二期練習。

1900（明治33）1　海軍少尉に任官。上海警備の陸戦隊員・小隊長として派遣。

5　陸・海軍省官制各改正公布（軍部大臣、次官の任命資格、現役規定)。

6　北清事変。

1901（明治34）　新戦艦「初瀬」の甲板士官。鳥海航海長心得などを経る。

10　海軍中尉に任官。

1902（明治35）1　日英同盟条約締結。

1903（明治36）11　いわゆる「上村事件」。

12　海軍大尉に進級。第十艇隊水雷艇第41号艇長となる。

1904（明治37）2　日本、ロシアに宣戦布告。

2　仁川沖海戦。

11　旅順、203高地を攻略。

1905（明治38）5　日本海海戦に参加。

6　日本海海戦での活躍が評価され、東郷聯合艦隊司令長官より感状を授与される（31歳）。

1906（明治39）3　海軍軍令部戦史編纂部に出仕。『明治三十七・八年海戦史』編纂に従事。初めて東京に居住。

11　南満州鉄道株式会社設立。

1907（明治40）4　帝国国防方針制定（「八八艦隊」整備計画)、大艦隊の建設。

1908（明治41）　海軍少佐に進級。

1909（明治42）3　大内モリエと結婚（35歳)。

1910（明治43）　『戦史』編纂の余暇をもって『此一戦』を執筆。

9　第二十艇隊司令に補され、舞鶴に赴任。

1911（明治44）　『此一戦』（博文堂）出版（37歳)。

1912（明治45）2　佐世保海軍工廠検査官より海軍省文庫主管に転じ、再び東京に居住する。

1913（大正 2）　時局に鑑み、日米戦争仮想記『次の一戦』を書くが、都合により発表を見合わす。

6　陸・海軍省官制各改正公布（軍部大臣、次官の任命資格より現役規定を削除。

12　海軍中佐に進級。

1914（大正 3） 6　『次の一戦』（金尾文淵堂）出版（海軍諸例則にふれるとして5日謹慎）。問題の書として大いに読書界を賑わしたが、同年8月、欧州戦勃発し、日本も亦参戦するに及び、当局の対米外交上の意思を尊重し、刊行後、3ヵ月にして絶版となる。12月、『次の一戦』絶版の埋め合せとして金尾文淵堂より『戦影』（旅順海戦私記）を「一海軍中佐」の匿名（当局の許可を得て）で発刊する。この書は著者のもっとも会心の作だったが、刊行の終末を詳にせず。書肆の店頭に殆んどその姿を見ずして湮滅したのは遺憾である。

日独戦史編纂事業の委員を命ぜられる。

8　日本、ドイツに宣戦布告。

10　「戦争我観」（『中央公論』）発表。軍備の拡張を訴える内容。

12　『戦影』（旅順海戦私記）出版。

1915（大正 4） 1　対華二十一ヵ条要求を中国政府に提出。

編纂事業に倦み、海上勤務を強願の結果、軍艦出雲副長、ついで、軍艦肥前副長。多年艇隊並びに陸上勤務のため艦務の状態が一変したのに驚き、大いにまごつく。

4　「欧州大戦観〜剣光銃影」（『日本及日本人』）発表。

1916（大正 5） 7　私費留学の許可を得て、第一次留学。横浜港から「諏訪丸」にて、インド洋、喜望峰を経て、9月、ロンドンに到着。英・仏・伊を視察。イギリス滞在中、ドイツ空軍の爆撃体験。

1917（大正 6） 6　渡欧記『波のまにまに』（実業之日本社）刊行。

8　帰国後、軍令部に出仕。軍事調査会に勤務。

10　『中外』に「犬牙蜂針、是自衛の機関」発表。
11　日米両国、中国に関する公文を交換（石井・ランシング協定)。
東京朝日新聞に、「無名氏」の号をもって「バタの臭」連載（11月2日～12月26日）(44回)。
1918（大正 7）　海軍大佐に進級。
3　「噫秋山海軍中将」(『中央公論』3月号）発表。
8　政府、シベリア出兵を宣言。
12　新人会組織。赤松克麿、宮崎竜介ら東京帝大生を中心に結成。
1919（大正 8）1　「我が軍国主義論」(『中央公論』) 発表。姉崎正治博士の軍国主義攻撃論に対する駁論。大いに軍国主義の提灯を持つ。
3　友人の給費により、再び私費留学（第2次留学)。加茂丸にて、5月半ば、ロンドン着。時に休戦後僅か半年、フランスの戦跡を訪ねては戦争の害毒を目撃し、ドイツの惨状を見ては軍国主義の幻滅を確認し、思想の大転換を来たす。
4　山本実彦『改造』を創刊。
6　初旬、中旬にかけて北フランス、ベルダンという町を視察（45歳)。
1920（大正 9）5　第2次留学より帰朝。
7　「独逸の敗因」(『改造』7月号）発表。
9　軍令部出仕。
第43帝国議会、海軍懸案の八八艦隊完成案通過。
11　米カリフォルニア州、排日土地法可決。
1921（大正10）1　東京日日新聞に「軍人心理」連載。(5回、1月8日～15日）現役軍人の筆としては、いささか大胆露骨に過ぎ、果然物議を生じ、「上官の許可を得ず、文書をもつて政治に関する意見を公表したる」(特に軍人の参政権) 科により謹慎処分を受ける。謹慎 30 日の処罰。

1 「武装平和の脅威」『内外商業新聞』に発表。

2 自ら海軍現役を引退。

3 「軍備撤廃亦は制限縮少論」(『改造』3月号) 発表。

8 予備役に編入。軍服に訣別。

9 尾崎行雄 (咢堂)、島田三郎、石橋湛山らと「軍備縮少同志会」結成。水野広徳も参加。

12 日英同盟廃棄の決定。

1922 (大正11) 1 渡欧航海記『波のうねり』(金尾文淵堂) 出版。ワシントン会議開催。尾崎行雄など軍縮運動に従事する。爾後、軍事並びに社会評論に筆を執る。

1 「軍備縮少と国民思想」(『中央公論』1月号) 発表。

2 「軍事上より見たる海軍協定」(『中央公論』2月号) 発表。

3 「陸軍縮少論」(『中央公論』3月号) 発表。

5 「帷幄上奏と統帥権」(『太陽』5月号) 発表。

7 「世界平和と国家我」(『中央公論』増刊号) 発表。

8 「軍部大臣開放論」(『中央公論』8月号) 発表。

12 「西比利亜座の軍閥劇」(『中央公論』12月号) 発表。

1923 (大正12) 6 「新国防方針の解剖」(『中央公論』6月号) 発表。アメリカを仮想敵国とした「新国防方針」に対し日米非戦論を展開。

9 関東大震災発生。

9 第2次山本内閣成立。

1924 (大正13) 1 清浦内閣成立。

1 第1次マクドナルド労働党内閣成立。

6 「『戦争』一家言」(『中央公論』夏季増刊号) 発表。

6　モリエ夫人病没。

7　排日移民法実施（同年5月可決）。

9　片山哲氏等8名の同志と平和問題研究のための集会、「二火会」を起こす。

10　「軍艦爆沈と師団減少」（『中央公論』10月号）発表。

1925（大正14）1　米国海軍、太平洋上で大演習を実施。

2　日米両国民の感情的対立を憂えて「米国海軍の太平洋大演習を中心として」（日米両国民に告ぐ）（『中央公論』）発表。

3　「日露復交に対する直覚観」（『中央公論』3月号）発表。

4　「米国海軍と日本」（『中央公論』）発表。

6　「生活安定と産業立国」（『中央公論』6月号）発表。

11　「現内閣と軍閥との関係」（『中央公論』）発表。

1926（大正15）　日本工人倶楽部発行の雑誌『工人』の特集として『戦争と軍備問答』を発行する。

12　社会民衆党結成。

1927（昭和2）2　『戦争と軍縮問答』再版。

8　「軍縮会議論」（暴露された猿芝居）（『中央公論』8月号）発表。

11　「ファシズムと日本」（『経済往来』11月号）発表。

1928（昭和3）　「民衆政治講座」の一冊として『無産階級と国防問題』を出版。

11　愛媛県越智郡菊間町寺尾栄次郎長女ツヤと結婚する。

1929（昭和4）8　『無産階級と国防問題』（クララ社）出版。

8　清沢洌の発起で「二十七日会」発足。
（1929年4月、朝日退社）

1930（昭和5）1　「軍縮劇」（『改造』1月号）発表。
『戦争小説　海と空』（海洋社）刊行。

	6	「洋々会決議案」（『東京朝日新聞』）で、兵力量は、政府の権限であるとして、統帥権干犯論を明確に退ける。
	9	「倫敦（ロンドン）条約側面観」（『国際知識』9月号）発表。
	9	「海軍お家騒動の総勘定」（『中央公論』9月号）発表。
1931（昭和 6）	1	「国家と国防」（『公民講座』1月号）発表。
	9	満州事変勃発。
1932（昭和 7）	10	『興亡の此一戦』を東海書院から発行したが、発禁となる。
	10	清沢洌『アメリカは日本と戦はず』（千倉書房）刊行。
	12	「日米若し戦かはば」（『東洋経済新報』）発表。
1933（昭和 8）	2	『秋山真之』を監修して刊行。
	3	日本、国際連盟脱退。
	4	京都大学、滝川事件おこる。
	5	「海の生命線を剖く」（『中央公論』5月号）発表。
	8	25日、日比谷公会堂東洋軒において開催の「極東平和友の会」創立総会に参加。演説中暴漢闖入、会は警官により解散を命ぜられる。
	9	『僕の平和論に就いて』と題する少冊子を頒布。
	10	『改造』10月号、水野論文のため発禁となる。
	11	「平和への直言」（『改造』11月号）発表。
1934（昭和 9）	2	「海軍より非常時を訊くを読みて」（『東洋』2月号）発表。
1935（昭和10）	5	『高須峰造先生』を非売品として出版する。
	9	美濃部達吉、国体明徴の名のもとに貴族院議員辞任に追い込まれる。
1936（昭和11）	2	2・26事件起る。
	3	内務省、メーデー禁止を通達。
	11	松下芳男との共同編纂になる『秋山好古』を秋山好古大将伝記刊行会から出版する。

1937（昭和12） 2 『日本名将論』を中央公論社より刊行。以後、当局の監視烈しく執筆不能となり、著書としてはこれが最後となる。海軍大臣長野修身（海軍兵学校28期）に対し「海軍の自主的態度を臨む」と題する公開状を発表する。

7 日中戦争勃発。

9 軍事評論家、石丸藤太が軍事保護法違反で検挙され、松下芳男が資料を送ったとして拘留。

1938（昭和13） 5 『文と写真此一戦』（春秋社）刊行。

1939（昭和14） 3 長男、光徳結婚。

潮文閣出版の『戦争文学全集』（第９巻）の『水野広徳傑作集』発売禁止となる。

1940（昭和15） 6 雑誌『海運』に寄稿した「戦争と政治」と題する論文は、発表禁止となる。

1941（昭和16） 2 内閣情報局、『中央公論』編集部に執筆者禁止リストを示す。清沢洌・馬場恒吾・横田喜三郎・水野広徳ら。

12 太平洋戦争勃発。

1943（昭和18） 7 京王井之頭線下北沢付近の鵜沢外科医院で盲腸出術。

10 聖路加病院に入院。

11 愛媛県越智郡津倉村本庄（現吉海町）（伊予大島）に療養のため出向く。

1944（昭和19） 2 伊予大島より帰京。

3 『THIS　ONE　BATTLE』を大東亜出版から刊行。

8 『少年版此一戦』を葛城書店から出版する。

1945（昭和20） 4 伊予大島、重松冨来夫氏宅に夫人とともに疎開。

5 空襲により自宅（東京都世田谷区三軒茶屋）焼失。20数年来の寄稿、切抜等一切を失う。

10 水野広徳、腸閉塞を起こし、今治の別府病院で死亡。松山市豊坂町（現柳井町３丁目）蓮福寺に埋葬（享年

71才)。

1977(昭和52) 8　ツヤ夫人死亡(90歳)。

1978(昭和53)　水野広徳の自伝「剣を吊るまで　剣を解くまで」を『反骨の軍人・水野広徳』として出版(経済往来社)。

1995(平成 7) 7　『水野広徳著作集』(全八巻)刊行。

7　水野広徳墓前に『水野広徳著作集』の出版報告。重松冨来夫・美也子夫妻、重松昌彦・美代子夫妻。

10　水野広徳遺墨展、松山市、南海放送本町会館で開催。

(注)この「年表」は、『現代日本文学全集』「第49篇戦争文学集」464頁〜466頁(改造社)に所収の水野広徳自身が作成した「年賦」を現代表記に改めて記載し、また『反骨の軍人・水野広徳』(経済往来社)の472頁〜476頁を中心に関係著書・論稿も参考にした。そしてまた「水野広徳遺墨展」の「水野広徳年賦」、太田雅夫「水野広徳の秘められた自伝」(桃山学院短期大学・紀要第6号)、愛媛県立松山東高等学校同窓会名簿でも補足したものである。

おわりに

本書は、水野広徳の特に郷里のことについてとり上げた。

1933年8月25日、「極東平和友の会」の創立総会が日比谷公会堂の東洋軒食堂において行われ、水野も出席したが右翼の妨害により途中で中断させられた。完全な自由主義はもうなくなっていた。

世界で戦争が絶えず、水野の平和主義が虚しく残されている現在、彼の思想をできる限り忠実に再現したいと思った。

国で平和安全法制が制定され、世界の各地域で安全が問題視されている昨今、わが国の進路を考える契機にしたいものである。

現在、水野広徳について、郷里松山ではどんな顕彰が行われているのかも取り上げた。

重松美代子様（旧越智郡吉海町1058)、重松秋乃様（今治市南鳥生町２丁目）には、直接、親切なご指導をいただいた。

文章の校正はいつものように妻美智子の手を煩わした。厚く礼を申したい。

また、本書の出版について羽衣出版の松原正明社長には何かとご助力を頂いた。心から感謝申し上げたい。

田中省三

索　引

み

め

や

よ

り

れ

ろ

わ

《著者プロフィール》

田中　省三（たなか　しょうぞう）

〈略歴〉

1932年愛媛県に生まれる。1957年から1993年まで静岡県で教育公務員として勤務。また、観光ボランティア「静岡案内人・駿府ウエイブ」会員。そのほか、静岡県近代史研究会、静岡古文書研究会、静岡・龍南文化振興会などの会員。

〈著書ほか〉

『谷津山～新静岡市中央部の里山』2003年

『西草深界隈～浅間神社、駿府公園に結節域』2004年

『新川事件の真相』静岡古文書研究会（共著）2010年

『久能沿革誌・解題』羽衣出版2011年

『大御所徳川家康と駿府城公園』羽衣出版2012年

〈現住所〉

〒420-0916　静岡市葵区瀬名中央3-13-16

TEL 054-261-6857

反戦論者・平和思想家・自由主義者　水野広徳

平成28年3月30日発行

定価　本体1,111円＋税

著　者　田中 省三

発行人　松原 正明

発　行　羽衣出版

〒422-8034

静岡市駿河区高松3233

TEL 054-238-2061

FAX 054-237-9380

ISBN978-4-907118-24-2 C0023 ¥1111E